JN438165

깨끗한 그릇

문학공원 수필선 26

깨끗한 그릇

지성찬 수필집

문학공원

국립중앙도서관 출판예정도서목록(CIP)

깨끗한 그릇 : 지성찬 수필집 / 지은이: 지성찬. — 서울 :
문학공원, 2015
p. ; cm

ISBN 978-89-6577-122-7 03810 : ₩13000

한국 현대 수필[韓國現代隨筆]

814.7-KDC6
895.745-DDC23 CIP2015002636

• 수필집을 발간하며 •

어느덧 칠십을 넘긴 나이가 되고 보니 모든 일에 소극적으로 대처하는 습관에 젖어들었다. 가끔씩 썼던 잡문들이 한 권의 책이 될 만큼의 양이 되었다.

글의 내용이야 대수로운 것이 없어 막상 세상에 이 글을 내놓는다고 생각하니 한 편으로 출간이 망설여지기도 하였다. 한 시대를 살고 간, 한 필부의 생각과 감정들의 편린으로 삶에 참고가 된다면 큰 보람이 될 것이다.

여러 권의 시조집을 상재한 필자이지만 수필집을 내려니 칠십 년 인생의 결과물 같아 허망하기도 하고 부끄럽기도 하다.

원고를 챙겨서 출간을 도와주신 김순진 시인에게 사랑의 빚을 안게 되었다. 계간 <스토리문학>과 도서출판 <문학공원>의 비약적인 발전을 기원한다.

이 책의 내용이 설사 독자들의 생각과 다를지라도 이는 사고와 판단의 다양성으로 이해해 주시기 바라며, 글의 행간에 들어있는 종국의 뜻은 결국 하나로 통하는 것으로 보아주시기 바랍니다.

2015년 새해에

고양 일산에서 **지 성 찬** 인사드립니다.

1부. 수구초심의 노래

2부. 씨암탉을 잡아먹다

3부. 천사를 만나다

4부. 주님의 형상을 닮아가기를

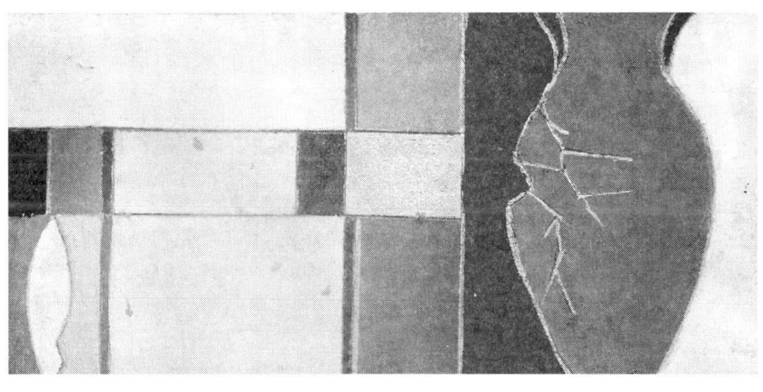

1부
수구초심의 노래

할아버지에 대한 기억

지금 살아계시면 109세가 되셨을 할아버지(池泰龍)에 대한 기억은 항상 새롭기만 하다. 호방한 성격에 품위 있는 몸가짐이 지금도 눈에 생생하게 어린다. 어느 할아버지가 손자를 귀여워하지 않을까마는 나의 할아버지도 나를 매우 귀여워해주셨다. 일찍 손자를 보셨으니 더욱 그러하셨을 것이다.

초등학교에 입학을 하고부터 나의 보호자는 할아버지셨다. 학교에서 소풍을 가면 혼자서 보내기를 꺼려하셨고 고학년에 올라가서 온양 온천으로 여행을 가게 되었는데 너무 먼 곳이라서 가지 못하게 하셨으니 어떤 위험스러운 일도 사전에 차단하려하셨다. 후일에 수학여행 길에서 많은 학생들이 도중에 사고를 당하여 희생되는 것을 보고서야 할아버지의 생각에 일리가 있었다는 생각을 하게 되었다. 학교에서는 항시 1등을 놓치는 법이 없었으니 더욱 귀엽고 사랑스러우셨을 것이다.

1953년경에 김용제 씨의 삼국지가 10권 중에서 1권씩 차례로 발간되고 있었다. 책을 좋아하시는 아버지가 발간될 때마다 구입해 오셨는데 할아버지가 읽으신 후에 내가 읽었다. 3대가 동시에 읽은 경우는 그 당시로서는 드문 일이었을 것이다. 삼국지는 그 때의 인연으로 평생 몇 번을 읽었는데 읽을 때마다 새로움을 느낄 수 있는 명작이다. 꼭 한 번은 읽어야 할 귀중한 책이다. 할아버지와 한 방에 기거하면서 학교를 다녔는데 여러 가지 좋은 말씀을 해주셨다. 그 중에서도 친구와 부모에 관한 이야기를 많이 하셨다.

그 중에 친구에 관한 이야기 한 편을 소개하고자 한다.

"옛날에 어느 서생(書生)이 하루 일정으로 한 친구를 방문하게 되었는데 가는 도중에 다른 한 친구의 집이 있었다. 친구의 집을 들르지 않고 지나쳐 버리면 후에 그 친구가 섭섭해 할 것 같아서 그 친구 집을 먼저 들르기로 하였다. 마침 점심때가 되어서 점심을 차려 주어서 대접을 받았는데 차린 것은 푸나물에 보리밥이었다.

하지만 그 차린 점심은 가난한 선비로서는 극진한 대접이었다. 점심을 모두 비우고 나서 만나고자 한 친구 집을 방문하였다. 만난 그 친구는 부자였던 터라 산해진미(山海珍味)로 술상을 차려 내왔다. 먹고는 싶었으나 부자인 친구의 집에서 먹은 것을 후에 먼저 대접한 친구가 알게 되면 섭섭해 할 것을 우려하여 먹지를 않았다고 한다.

옛사람들이 친구에 대한 배려와 함께 친구를 얼마나 소중하게 여겼는가를 알려주는 한 대목이다. 성경에도 말씀하시기를 "친구를 위하여 목숨을 버리면 이 보다 더 큰사랑이 없다"고 쓰여 있다.

추석날이면 언제나 증조 할아버지 할머니 산소를 참배하는 것을 잊지 않으셨다. 손자에게 몸으로 가르치는 훈련이었다. 증조할아버지는 할아버지가 3살 때에 돌아가시고 증조할머니가 형제를 기르셨다. 청상으로 혼자서 형제를 기르셨으니 증조할머니도 많은 고생을 하셨음이 분명하다. 친척집을 방문하시는 경우에도 거리가 아무리 멀더라도 당일로 돌아오시는 것을 원칙으로 하셨다. 한 번도 친척집에서 하루 밤을 보내신 적이 없으셨다.

6.25 사변 때 중앙대학교 교육학과에 재학 중이던 삼촌과 고모가 행방불명이 되었으니 할아버지의 심기가 매우 불편하셨을 것이다. 그럼에도 불구하고 그 불편한 심기를 노출하신 적이 없으셨다. 한 번에 자식 둘을 잃었으니 지금 생각해 보면 의연하신 할아버지가 더욱 존경스러워진다.

집에서 가끔 막걸리를 사다가 드시는 경우가 있었다. 그럴 때면 한 잔씩 건네주시며 먹어보라고 하셨다. 술 먹는 법은 어른에게서 배워야 한다면서……. 지금 생각해 보면 그 때 할아버지가 술을 많이 드시고 화를 내셨던 적이 가끔 있었는데 아마도 그런 마음의 상처 때문이었을 것으로 추측이 된다.

어느덧 고등학교 3학년이 되어 대학입시를 2 개월 정도를 남겨두고 책과의 전쟁을 밤낮을 가리지 않고 치루는 겨울이었다. 의과대학을 가려고 이과공부를 해왔는데 갑자기 문과로 바꾸게 되었으니 화급하기도 하였고 해야할 공부도 만만치가 않았었다. 난방이 문제였던 그 시절에 새벽 4-5시에 매일 일어나셔서 아궁이에 불을 지피면서 손자의 합격을 기원하셨던 할아버지의 기억이 지금도 불길처럼 따듯하게 느껴온다.

전형일자가 임박하여 서울에 있는 대학에 입학원서를 접수하게 되었는데 손수 연세대학교 상경대학 경영학과에 원서를 접수시키고 접수증을 교부 받아오셨다 시험번호가 5번이었다. 합격한 후에 얼마나 좋아하셨던지. 할아버지가 입학원서를 접수시킨 경우도 그리 흔하지 않을 것이다.

언젠가 말씀하시기를 "참 고약하다"고 한 말씀을 하셨다. 그래서 무슨 뜻이냐고 물었더니 열대여섯 살 때 뛰어 놀던 때가 엊그제 같은데 벌써 70이 되셨다는 것이다. 세월의 덧없음을 말씀하고 계셨다. 사실 나는 어려서부터 우리 할아버지는 처음 태어날 때부터 수염이 하얀 멋있는 할아버지로 알고 있었다. 뚜렷한 이목구비에 짙은 호랑이 눈썹, 멋지게 자란 수염으로 풍채가 좋으셨던 분이었다. 우리 가족 중에서 가장 용모가 뛰어난 분이셨다. 불행했던 일제하에서 당신의 소신을 펴지 못하신 것은 때를 잘못 만난 때문이었다.

여름날이 생신이셨던 할아버지는 여름날에 돌아가셨다. 장례식 날에 그 무슨 비가 그리도 많이 왔는지 모른다. 그 비에 온 가족이 장대같은 비를 피할 수가 없었다. 그 무슨 못 다한 말씀이 남았던 것일까? 많이 오는 비에 우의와 우산은 소용이 없는 법이다. 좋은 때를 얻는 것은 좋은 부모를 만나는 것만큼이나 중요하다.

이제 손자인 내가 할아버지의 그 나이만큼 되어서 할아버지가 되었다. 그렇게 손자가 커서 벌써 할아버지가 된 것이다. 그렇게 세월은 가는 것이었다. 한 것도 없이 말이다. 이제야 할아버지의 마음을 조금은 알 것 같다. 할아버지를 생각하면 그 사랑이 생각이 나서 눈가에 이슬이 맺힌다.

후에 직장을 다니면서 금반지를 할아버지 손에 끼워들였다. 손자의 작은 정성의 표시였다. 할아버지가 돌아가신 지 30여 년이 흘러갔고 지금 그 금반지의 행방은 알 수 없으나 할아버지의 사랑은 항시 내 가슴속에 금빛처럼 빛나고 있다.

백마에서 온 편지

일산 백마에 오기 전에는 일산으로 이사하는 것이 사실 마음에 탐탁지 않았었다. 백마는 일산에 있는 한 마을의 이름인데 백석동과 마두동의 첫 자를 따서 만든 이름이다. 백석동은 일명 흰돌마을이라고도 하며 마두동은 마을의 지형이 말의 머리처럼 생겼다고 하여 지어진 이름이다. 오래 전부터 백마에는 많은 연인들이 놀러왔던 곳이다. 넓은 들이 펼쳐진 그런 곳이다.

하루하루 정을 붙이며 살다 보니 일산만큼 좋은 곳이 없었다. 넓직한 생활공간과 도시와 농촌이 합성된 구도가 답답한 도시에 싫증을 느끼는 사람들에게는 더할 나위 없이 좋은 곳이다. 노년에 접어든 사람들에게는 더욱 좋은 곳이다. 공기도 맑고 번잡함이 없으니 이 보다 더 좋을 수 없다. 봄이 오면 온갖 꽃들이 다투어 피는데 진달래 철쭉의 아름다움은 어느 곳에도 빠지지 않을 것이다. 마치 꽃동산이라고 해야 옳을 것이다.

봄, 여름이면 빈터에 상추, 아욱 가지, 호박 등을 심으면 그 자라는 모습도 신기하게 느껴진다. 흙을 만지며 흙냄새를 맡으면 생활의 활력소가 되기도 한다. 씨앗을 뿌리며 자식농사를 생각하게 되고 가을에 수확을 보면서 인생의 결산을 떠올리기도 한다. 가끔은 채소를 뽑아가거나 호박을 따가는 사람들이 있을지라도 필요한 이웃에서 가져갔으니 잘 된 일이라고 치부한다.

많은 쇼핑센터가 뜨거운 판촉경쟁을 하여 일산은 생필품의 가격이 비교적 저렴한 편이다. 품목에 따라서는 원가의 절반이하로 파는 물건도 자주 보게 된다. 그런 물건이 있다는 정보가 입수되면 구름처럼 사람들이 모이는 것은 인지상정이리라. 또한 별미 별식을 자랑하는 음식점이 도처에 있고 쉴만한 호수공원이 있어 주말이면 연인들, 가족들이 이 곳을 찾게 되고 겸하여 쇼핑센터에서 필요한 물건들을 구입한다. 그리하여 주말이면 인근 도시의 차량들로 붐비는 곳이 일산이다.

호수공원의 시원한 공간은 일산의 시민들에게는 중요한 휴식공간이다. 이렇게 좋은 공원은 전국에서도 찾아보기 어려울 것이다. 항시 맑은 물과 꽃이 피는 공원은 일산의 자랑거리요 휴식공간이다. 아이와 어른, 연인들의 산책은 하나의 영화장면과도 같다. 음악도 흘러나오고 새들의 비상을 첨가하면 한 폭의 아름다운 그림이다.

호수공원에서 필자가 좋아하는 김원각, 박시교, 김현, 김영재 등 시인들과 포천막걸리를 들면서 한 여름의 오후를 보낸 적이 있다. 그저 바라보기만 해도 좋은 곳이다. 금강산도 식후경이라고 했지만, 아름다운 절경도 사랑하는 사람과 함께할 때, 그 절경이 아름답게 보이는 법이다. 아름다운 마음의 눈의 렌즈로 보는 풍경만이 아름답답게 보일 뿐이다. 유유히 걷는 사람, 자전거를 타는 사람, 뛰어가는 사람, 그리고 옷차림도 가지각색이다.

자판기에서 한 잔의 커피를 뽑아 벤치에 앉아 호수를 바라보며 마시는 커피 맛은 일품이다. 나이든 어르신들이 연주하는 흘러간 노래들을 듣노라면 세월의 덧없음을 더욱 실감하게 된다. 이 노래를 듣는 젊은이들이 30년 후에 나와 똑 같은 생각을 하게 될 것이다. 항시 그래왔다. 젊은이들은 결코 늙지 않는다고 생각해 왔다. 하지만 늙는 것은 순식간에 벌어지는 사건이다. 아침을 먹고 우물우물 하다보면 점심때가 되고

점심을 먹고 책을 몇 페이지 읽다 보면 해는 벌써 서산으로 기울어 있게 마련이다. 그렇게 해가 저물 듯이 인생은 저물게 마련이다. 결코 시들지 않는 꽃이 없듯이 인생은 시들게 마련이다. 하나의 꽃을 보면서 하나의 지혜를 얻을 수만 있다면…….

일산 백마에 와서 한 편의 시를 썼다.

백마에서 온 편지

백마에 오시려면 전철 타고 오시구려
무악재 쉬이 넘어 구파발서 기다리면
화정역(花井驛) 꽃길을 따라 꽃구름이 필 겁니다.

구름 속 백마(白馬)들이 바람처럼 내달리면
천리(千里)를 뛰어도 좋을 동화 속의 들이 있고
바람은 첫 손님에게 매달리며 안기리다.

춘삼월(春三月) 오실 때에 흰 샤쓰를 걸치시면
진달래 붉은 입술을 꼭꼭 찍어 드리리다
개나리 고운 금관(金冠)을 머리에 얹어 주고

오월이 가기 전에 꼭 한 번 오시구려
무릎 꿇고 들어 보면 푸르른 관현악 소리
그 것이 시(詩)가 되나 봅니다, 푸른 글이 돋습니다.

꽃 하나 피는 것도 기적이요 섭리려니
수많은 꽃이 앓는 계절의 절정에선
능선도 가만히 내려와 그 자리에 멈춥니다.

경황이 없으시면 일상(日常) 옷을 걸치시고
헐거운 풍경 속을 그렇게 걷다 보면
그것이, 좀 모자라는 것이, 넉넉하게 보입니다.

비가 와도 괜찮아요, 촉촉이 젖어와도
그저 님을 그리듯이 세상사에 젖다 보면
두고 간 발자국마다 삶의 맛이 고입니다.

마음이 구름처럼 흘러가고 싶을 때면
백마(白馬)에서 말을 타는 그런 꿈도 꾸어 보고
꿈 같은 얘기 하면서 밤도 풀어 보시구려.

큰 강도 이쯤에선 발걸음이 더딥니다
바다가 멀지 않은 노을빛도 서러워서
한 번쯤 눈물을 닦고 흘러가고 있습니다.

세상사 시끄러운 그런 소리 없습니다
요즈음 사람들은 귀가 모두 고장나서
웬만큼 큰 소리 아니면 꿈쩍도 안 합니다.

세월은 물이지요 흘러서 간다지요
모두들 흘러가서 흐를 것이 없다지요
흐르는 그런 것 말고 영원(永遠)을 만나리다.

섣달도 그믐밤은 길이 뵈지 않습니다
별을 보고 걸어가면 넘어지지 않습니다
안개나 자욱한 밤엔 엎드려야 하구요.

밤하늘 겨울새가 불을 끄고 울다 가면
곱게 잠든 꽃가지에 그 울음이 떨어져서
아파서 꽃이 핍니다 먼저 꽃이 핍니다.

남은 꽃씨를 심어주고 가소서

한 인생에서 가장 많은 영향력을 미치는 사람이 부모와 스승일 것이다. 문학으로 인하여 인연을 맺게 된 분이 이우종 선생님이시다. 안성 안법중학교에 입학을 하여 만난 분이 이우종 선생님이시다. 그리하여 시와 시조를 쓰게 되었고 오늘날 시인이 되게 한 분이셨다. 고등학교 시절에는 국어과목을 이 선생님으로부터 배웠고 시 시조를 지도 받게 되어 정부주최 제3회 전국백일장에 유일하게 고등학생으로 참가하는 영광을 갖게 되었고 그 후에 각종 문학행사에서 많은 상을 받게 되었다.

하지만 나는 본래 미술과 문학에 소질이 있었으나 당시의 상황은 6.25 사변 직후로 경제사정이 매우 어려웠던 시절이라 예술을 전공할 입장이 아니어서 상경대학으로 진학을 하게 되었다. 고등학교를 졸업하던 1960년에 이 선생님이 동아일보 신춘문예에 탑이 당선되어 문단활동을 시작하셨고 1961년 여름에 진명여자고등학교로 전근을 하셨다.

대학을 졸업한 후에 섬유수출 회사에서 근무하면서 문학과는 담을 쌓고 살았지만 가끔씩 이 선생님을 만나뵙곤 하였다. 1970년대 후반에 이 선생님이 시창작을 권유하여 창작에 뜻을 두게 되어 오늘까지 시를 써오고 있다.

사실 이 선생님의 권유가 없었으면 문학에의 입문은 하지 않았을지도 모른다.1980년대 초에 이 선생님께서 나에게 설정(雪庭)이라는 호를 내려주셨다. 서설(瑞雪)이 하얗게 내린 정원이라는 뜻인데 미당 서정주 선생님께서 매우 좋아하셨다고 하셨다.

집안일을 비롯한 대소사들을 부족한 저에게 의논하시며 사랑을 주셨던 분이 갑자기 이생을 마감하시니 그 아쉬움을 이루 말할 수 없다. 인생은 그렇게 갑자기 막을 내리는 것이었다. 평생을 시조 하나를 붙잡고 사셨고 시조를 목숨처럼 생각하고 살아오셨다. 이 얼마나 허망한 일인가 말이다. 평생을 가난과 싸우시면서 마음 편히 지내지 못하셨으니 더욱 그러하다.

생을 마감하시기 몇 개월 전에 일산 백마에서 뵈었던 것이 선생님과 나눈 마지막 사제 간의 자리였다. 가시는 선생님에게 24수의 장시조 "남은 꽃씨를 심어주고 가소서"를 드렸다. 이 시조가 선생님의 업적을 돋보이게 하는 데 조금은 도움이 되기를 바라는 마음이다.

남은 꽃씨를 심어주고 가소서

- 유동 선생님의 영전에

동방의 빛이 내려 한 나무를 세웠나니
황토에 발을 묻고 큰 나무로 서기까지
비 바람 아픈 세월도 하늘 바라 재우면서

젊어선 시골 학교 안성의 안법[1)]에서

---

1) 안법은 작자의 모교인 안법고등학교를 말함.

시심에 불을 당겨 제자를 모으시고
송강의 관동별곡에 흥을 돋워 주시던 일

뜰 아래 은행나무 단풍물이 찬란했던
명륜당 백일장엔 월탄[2]도 놀랐거니
서울행 시골 버스에 꿈도 싣고 시도 싣고

효자동 진명에서 효녀들을 길렀거니
은장도 날빛처럼 엄했던 스승의 길
삼십년 그 긴 세월이 봄꿈이란 말입니까

뿌리가 뿌리를 내려 한 세계를 열었나니
그 가을 홀로 서서 황혼 빛을 뒤로 하고
어여쁜 어린 싹들을 어루만져 주셨거니

여의도[3] 달이 뜨면 모여들던 얼굴이여
몸으로 불을 밝혀 창 밖이 환하더니
어둠이 다시 온다면 누가 불을 밝히리까

양지 바른 고향으로 편지 한 장 써 놓고서
미루고 미루다가 못 부치신 고향의 꿈
지금은 주소를 몰라 띄울 수가 없습니다

늦가을 하루해가 이렇게 잘렸구나
가는 사람 많았어도 오는 길은 모르더라
하늘에 한 조각 구름, 머물 곳이 없어라

---

2) 월탄은 박종화 선생의 호.
3) 여의도 소재 동아일보 문화센타에서 후학 양성하셨음.

천적으로 달라붙던 무서운 가난으로
뻗어갈 그 나무를 키울 수 없었으니
자하문 걸린 햇살이 너무나도 짧습니다.

부암동[4] 고개에서 북한산이 머리를 드네
둥지의 꽃가지에 봄은 아직 아득하고
금이 간 높은 축대엔 겨울 빛이 차가워라

좋은 날 좋은 날만 기다리며 살아온 날
무인년 대한일에 길을 바꿔 가오시니
시간이 멈췄습니다, 산이 무너졌습니다

시들지 않는 꽃을 꺾으러 가신다며
새벽부터 부지런히 신발 끈을 매시더니
돌아온 이름 석 자는 이승에단 못 걸겠네

백이요 천일러라 두고 가는 인연의 끈
그 끈이 끊겨지던 절망의 벼랑에서
마지막 유언 한 마디 남기지도 못하셨네

설정 아호를 내려 이끄시던 자비의 손
앉으셨던 그 자리가 만평쯤은 적막하네
얼만큼 세월이 흘러야 그 자리를 메웁니까

일산의 백마에서 들려주던 모국의 노래
그 밤에 쥐어 주던 마지막 말씀들이
가슴에 바늘로 돋아 천번 만번 찌릅니다

---

4) 부암동은 생전에 거처하시던 곳임.

조금은 이지러진 윤이 나는 항아리에*
아직도 익지 않은 국화주는 어쩝니까*
차갑고 어두운 땅에 묻어 둬야 합니까

아직은 두메산골 덜 익은 가을인데*[5)]
사랑이 응어리로 터져 오는 밤을 두고
그 어진 산처[6)]를 두고, 버려두고 가십니까

아들 딸 손자하며 친지며 후학들은
이 겨울 찬바람을 막을 수가 없습니다
하늘로 가시는 길에 차표 한 장 뿐이오니

진시황의 만리장성 쌓아서 무엇하리
제갈량의 동남풍은 얘기 속에 흘러가도
피처럼 끓는 사랑은 시가 되어 살아오네

안법의 아들이여 진명의 딸들이여
기억하라 묵도하라 가슴에 새기거라
살과 뼈 모두 사루어 한 평생을 주었나니

흙을 보며 생각했네 한 줌 흙인 인생임을
오는 봄에 심을 씨앗 남겨 두고 가는 이치
그 씨앗 생명의 뿌리, 세세토록 뻗으리니

자유의 학이 되어 날아가신 빈 둥지에
아픔만 남겨 주고 정은 가져 가십니까
둥지에 빠진 깃털을 눈으로는 볼 수 없네

---

5) 표는 유동 선생님의 「산처일기」 중의 글귀임
6) 산처는 산골에 사는 시골티 나는 아내를 뜻함.

어느 해 어느 봄 날 뜻이 있고 길이 있어
이 땅에 다시 한 번 들르실 때 있으시면
갖고 간 남은 꽃씨를 심어 주고 가소서

고뇌의 옷을 벗고 일손도 놓으소서
생로병사 다시 없는 영원한 나라에서
님이여, 하나님 품에서 쉬시리라 믿습니다.

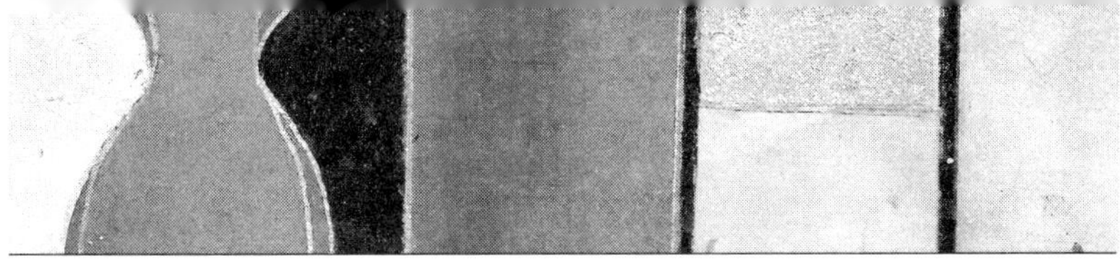

조선의 여인

조선의 여인들은 순종과 인내로 살아온 것을 우리는 모두 잘 알고 있다. 조선의 남자들은 여인 보다 우위에 서서 살아온 것을 미루어 알 수 있다. 예로부터 남성 중심으로 사회가 발전하여 왔음을 인정한다. 하지만 조선의 여인들은 그 소임이 막중하여 중노동에 시달리며 살아왔다. 마치 여자는 남자의 소유물처럼 대접을 받아왔다.

필자의 어머니도 예외는 아니어서 그 짧은 생애를 사시면서 많은 고초를 감내하면서 살다가셨다. 충북 중원구 신이면에서 박만복, 황을림 씨의 맏딸로 태어나 20세에 출가하여 여섯 남매를 두고 가셨다. 행복이라는 단어는 상상조차 할 수 없었던 삶을 살다 가셨다. 42년을 살다 가신 어머니보다 30년을 더 살았으니 아쉬움이 더 클 수밖에 없다.

여섯 남매를 거두시는 일이 어려운 살림에 쉬울 리가 없었다. 초등학교에서부터 고등학교에 이르기까지 일렬로 늘어서서 학교를 다녀야 했으니 말이다. 거기에 할아버지 할머니까지 모시며 사셔야 했으니 옷이며 먹을거리 등 문제가 쉽지 않았다. 일일이 손바느질로 한복을 지어야 했고 간장 된장을 해마다 만들고, 많은 양의 김장도 빼놓을 수 없는 큰 행사 중의 하나였다. 먹을 것이 없던 때라 많은 배추와 무로 김장을 준비해야 했고 어린것들을 일일이 챙겨야 했으니 한시도 쉴 틈이 없으셨다. 해보지 않은 일도 매우 잘 하실 만큼 손재주가 있으셨다. 우리 형제들의 솜씨는 어머니를 닮은 것이 확실하다.

그러나 일찍이 주님을 만나서 주님께 의지하며 한동안 사시다가 세파에 못 이겨 주님 곁을 떠나기도 하셨지만 끝내는 하나님께서 붙드셔서 하늘나라로 인도하셨음은 천만다행한 일이었다.

어려운 가운데서도 대학에 입학해서는 좋은 구두도 사주시고 좋은 옷도 맞춰주신 어머니의 고마운 마음을 결코 잊을 수가 없다. 나이 22살에 어머니를 여윈 나로서는 절망감에서 헤어나기가 어려웠고 오랜동안 밤마다 악몽에 시달려야 했다. 동생들도 많은 고생을 했음은 자명하다. 하지만 어머니 대신에 하나님께서 우리 형제를 가장 좋을 곳으로 인도하셔서 하나님과 동행하는 삶을 살게 하시니 이것이 기적이요 믿음의 증거이다.

지금 살아 계시다면 재주 있는 많은 손자 손녀를 보며 얼마나 좋아하실까 생각해 본다. 어머니에 대하여 드릴 수 있는 말씀은 항시 어머니의 사랑과 은혜를 잊지 않고 살아왔다는 것이다. 어머니가 가신지 50여 년이 흘렀어도 어머니를 생각하면 지금도 눈물이 쏟아진다.

어릴 적 나는 봄이면 안성천 건너에 있는 도그머리 뒷산에서 진달래를 꺾어와 집에다 꽂아놓는 것을 한 번도 거른 적이 없었다. 그때 그 진달래꽃이 얼마나 아름다웠던지 모른다. 안성천 맑은 물에 뛰노는 피라미 송사리들은 나의 꿈이었으며 지금도 그 물고기의 모습들이 새롭게 가슴에서 뛰어논다. 안성천이 흐르는 안성시 신흥동 207-4 번지의 추억을 생각하면 언제나 그 진달래꽃은 가슴속에서 아프게 피고 또 진다.

어느 겨울

1980년대 초 어느 겨울날에 전철로 한강철교를 건너고 있었다. 하얀 눈이 쌓인 한강변은 전형적인 아름다운 겨울 풍경이었다. 잎이 다 떨어진 미루나무에 까치둥지가 눈에 들어왔다. 까치가 없는 빈 둥지였다. 언제나 까치집을 보면 까치집은 까치가 없는 빈 둥지임을 보게 된다. 까치집만 덩그렇게 있는 풍경은 쓸쓸하게 보여진다. 까치는 어디로 간 것일까? 자기의 둥지를 그대로 비워두고 어디로 갔단 말인가? 높다란 나무 꼭대기에 집을 지어놓고 무엇을 하러 외출을 한 것일까?

사람도 까치와 별로 다를 것이 없다. 사람이 한 평생을 살면서 그 무엇인가 귀한 것을 찾으려고 집을 나서서 떠돌아다닌다. 어딘가에 있을 것 같은 귀한 것을 찾으려고 방황하는 것이 흡사 까치와도 같다. 또한 여기 저기 무슨 재미있는 것이 없나 하고 기웃거리며 산다. 우리는 주연이 되기보다는 구경꾼이 되는 것을 더 좋아한다. 자기 실존의 문제를 생각하기보다는 재미있는 것을 구경하기를 좋아한다. 아무리 둘러보아도 그 귀한 보물을 찾을 수는 없다. 결국에는 둥지로 돌아오게 되는 것이 사람의 종국이다. 둥지에는 삶이 있고 사랑이 있다. 둥지를 떠난 삶은 오로지 유랑일 뿐이다.

사람들의 삶을 잘 관찰해 보면 구경만하면서 사는 것 같다. 신문과

TV를 보고, 영화를 보고, 시장을 보고 백화점을 보고, 남이 입은 옷과 걸친 패물을 보고, 높은 자리로 출세한 사람을 우러러보고, 연극을 보고, 사고(事故) 사건을 보고, 세계 각국에서 일어나는 각종 일들을 보고 아름다운 경치를 감상하고, 외국의 멋진 풍광을 돌아보고 아름다운 미술품을 감상하는 일 등등 헤아릴 수 없이 많다. 이것이 삶의 전부요 자기 구현의 참 가치로 착각하고 있다. 그런 것은 단지 삶의 한 부분을 구성할 수 있으나 전부는 아니다. 이런 구경꾼의 역활 그 자체는 참다운 삶도 가치도 아니다.

나의 실존을 확인하고 살아가는 것이 살아있는 인격체의 삶이라 할 수 있다.

다음의 글은 그 당시의 생각을 표현한 시조다

날씨가 하 추우니 바람도 알몸으로 운다
밤새 앓던 강물은 身熱이 내리고
바람의 깃털이 빠지는 흰 눈발이 날린다

하늘로만 오르던 미루나무 끝 둥우리
집을 비운 까치는 돌아올 줄 모른다
유난히 붉은 노을이 悲願으로 타고 있다.

–2003 <시조세계> 가을호

안성예찬(安城禮讚)

안성(安城)은 그 글자의 뜻과 같이 편안한 고장이라는 뜻이다. 언제부터 안성이라고 일컬어졌는지는 모르지만 조선시대에 큰 시장이 섰던 고장으로 경기 충청남북도 지방의 물산의 집산지로서 유명한 고장이다. 20세기에 들어와서는 인근 다른 도시에 밀려 발전이 늦어진 고장이기도 하다.

비봉산이 도시를 어머니 품처럼 안으면서 그 앞으로는 안성천의 맑은 물이 흐르는 편안하고 평범한 도시다. 동으로는 멀리 일죽면이 자리하고 서쪽으로는 공도면에 걸쳐있고 남으로는 청용산이 병풍처럼 둘러진 서운면이 자리하고 있다. 옥산들로 펼쳐진 넓은 들판과 안성천을 따라서 동쪽으로 치닫는 넓은 들판이 풍요롭기만 한 고장이다.

임꺽정이 출몰했다는 천년 고찰 칠장사며 남사당 본거지 청용은 민초들의 애환의 역사가 깃든 원초적 마음의 고향이기도 하다. 투박하면서도 매끄러운 옹기그릇과 방짜유기 제품은 안성맞춤으로 유명하다.

섬바위골의 감나무는 가을을 더 풍요롭게 하였고 늦여름의 포도는 길손의 발걸음을 떼지 못하게 한다. 안성장날 포장집에서 끓이는 입맛에 딱 맞아 떨어지는 해장국은 안성만의 구수한 맛이고 장날에 지게에 매달고 가는 자반고등어는 한 때 내륙지방의 시골 풍경이었다.

안성천에서 난장이 서면 힘깨나 쓰는 장사들이 구름처럼 모여들어 황소를 놓고 힘자랑을 하였고 남사당 인형극은 민초들의 고달픈 생활을 어루만져주기에 충분했다.

해질녘 서커스단의 트럼펫의 구슬픈 멜로디와 북소리가 울리면 구경꾼이 구름처럼 모이던 시절도 있었다. "며느리의 설움"은 아낙네들의 고달픔을 달래주는 단골 메뉴였고 "홍도야 우지마라" 는 젊은이들의 낭만을 흔들어놓기에 충분했으리라. 그 때는 서커스단의 단원을 무척 부러워하기도 하였는데 서커스단이 어느 날 포장을 깨끗이 치우고 안성천 모래사장에서 사라지고 나면 어느 아가씨가 밤사이 서커스를 따라갔다는 소문이 파다하게 떠돌기도 하였다.

정월 대보름날, 보름달이 눈부시게 빛나는 밤에 그 무슨 소원을 비는 건지 보름달을 향하여 수 없이 큰절을 공손하게 드리기도 하였고, 쥐불놀이는 마을 간에 싸움으로 이어지기도 하였으니 그 것은 악의 없는 놀이였다.

쇠전거리에 소시장이 서면 각처의 소들이 말뚝에 묶인 채 낯선 새 주인을 기다렸고 가을이면 농악소리도 심심치 않게 골목을 들썩거렸다. 새벽 미명에 비봉산 기슭의 예배당의 맑은 종소리가 아침을 깨우면 동쪽 하늘이 서서히 열리기 시작하였다. 봄이 오면 언제나 도그머리 뒷산의 진달래는 꽃봉오리를 피우며 어린이들을 손짓하고 있었다. 날이 풀리면 개구리들이 알을 수북하게 쏟아내고 알에서 깨어난 올챙이들이 사방으로 흩어져 꼬리로 물장구를 치면 물고기로 착각하는 일도 자주 있었다.

풋보리가 아이들 키만큼 자라서 술렁이면 종달새 소리가 푸른색으로 하늘 높이 올라갔다가 온 들판으로 퍼져나갔고 그 때쯤이면 종달새는 몇 개의 알을 보리밭 둥지에 품고 있었다. 산딸기가 익을 때면 뱀이 조금은 겁이 나기도 하였지만 산딸기를 그냥 버려둘 수가 없었다. 산딸기가 빨갛게 익는 것을 보고 뜨거운 여름이 오고 있는 것을 알았다. 바람이 부는 날이면 빽빽하게 들어찬 동문리의 미루나무 숲은 잠을 이루지 못하고 술렁이기도 하였다. 먼 데 초가집에서는 어쩌면 등잔불 아래서 춘향전을 읽는 아가씨의 고운 음성이 들릴 것 같은 여름밤에 개구리는 실컷 목을 놓아 울기도 하였다.

여름밤에 원두막에서 참외와 수박을 먹으며 놀다보면 별은 밤하늘에 아름답게 수를 놓고 있었다. 벼가 누렇게 익어 가면 옥산들 넓은 벌판은 황금빛 고운 카페트였고 살찐 메뚜기를 병에 담다 보면 해는 저물어서 집으로 돌아가는 길이 바쁘기만 하였다. 논둑 밭둑을 헤매다가 화려한 꽃뱀을 만났을 때는 두근대는 어린 가슴을 진정할 수가 없었다.

7월의 수밀도 복숭아가 보오얀 털을 벗을 즈음에 자두도 한껏 얼굴이 태양처럼 빨갛게 달아오르고 있었다. 고을마다 사과 배가 익어 가면 가을 하늘은 더욱 투명한 얼굴로 소년에게 다가왔다.

그 어린 소년들은 어디로 갔는지 이제 찾아볼 수 없고 서울에서 온 낯선 아이들이 오염된 안성천에서 피라미 대신 개구리를 잡고 있는 것을 보기도 하였다.

싱그런 아침 햇살을 받으며 시냇물의 은어들이 튀어 오르고 풀섶을 걸어가다 풀무치가 놀라서 펄쩍 뛰는 꿈을 요즈음에 자주 꾸게 된다. 그런 꿈을 꾼 날이면 어린 소년 같이 늙지 않은 나를 발견하게 된다.

안성예찬(安城禮讚)

비봉(飛鳳)에 올라서면 옥산들이 넉넉하고
항시 젊은 청용산(靑龍山)은 자리 걷고 일어선다
안성천(安城川) 생수(生水)로 흘러 마을마다 살아있고

섬바위골 홍시처럼 열 이틀 달이 뜨면
동문리(東門里) 미루나무 숲, 잠들 줄을 모르는데
초집의 올린 등불은 가릴 수는 없어라

선율이 굽이치는 청포도 넝쿨따라
수많은 얼굴들이 떠오르는 포도알의
맺힌 그 이슬 속에서 한 세월을 보았느니

순박한 손끝으로 흙을 빚어 혼을 부어
가슴에 불을 질러 항아리를 구워내어
하늘도 천년(千年) 하늘을 불룩하게 채웠나니.

수구초심의 노래

잠을 깨우는 소리에 눈을 떴다. 수술실이었다. 수술실을 마치고 의사가 나를 깨운 것이었다. 내가 이렇게 큰 수술을 하리라고 꿈에도 생각지 못했다. 이렇게 끔찍한 큰 수술을 하리라고 전혀 짐작을 하지 못했었다. 잠을 자는 동안 모든 것이 끝나고 종결된 것이었다. 마취로 인하여 전혀 아픔을 느낄 수가 없었다.

병실로 돌아오니 아내가 수고했다고 말을 한다. 수술을 하게 된 경위는 이러했다. 2012년은 정기 건강검진이 있는 해였다. 나의 경우는 위암의 가족력이 있어서 국립암센타 연구실에서 집중적으로 연구하는 대상 인물이었다. 3월 하순에 위암 내시경 검사를 하였는데 "비정형선세포"가 발견되어서 투약한 후에 다시 내시경 검사를 해야 한다는 것이었다. 한 달 후에 다시 내시경 검사를 하고 조직검사를 하였다. 간호사가 병원에 와서 의사를 만나라는 것이었다. 병원에 오라는 간호사의 전갈에 왠지 기분이 찜찜하여 좋지 않았다. 담당의사인 최일주 선생이 담담한 표정으로 암세포가 발견되었다고 검사 결과를 알려 주었다. 위 절제 수술을 받아야 한다는 것이었다. 나는 소화기 외과의 수장인 김영우 선생이 해 줄 것으로 요청했고 나의 진료 차트는 곧바로 소화기 외과로 보내졌다. 외과의 김영우 선생으로부터 수술에 관한 얘기를 들었고 수

술방법은 복강경수술로 하기로 하였다. 수술 날자는 병원 형편에 따라서 정해지는 것이 보통이다. 병원에서 정해준 수술날짜는 5월 16일었다. 나는 경악을 금치 못했다. 왜냐하면 위암으로 돌아가신 어머니가 서울에서 위암 수술을 마치고 안성으로 오신 날이 1962년 5월 16일이었고, 이듬해인 1963년 5월 16일 오후 11시에 숨을 거두셨을 뿐만 아니라 1963년으로부터 내가 수술하는 2012년은 50년째 되는 해이기 때문이다. 참으로 기묘한 일이었다.

나이가 들어가면서 어머니에 대한 그리움이 더해지고 거기에다 고향에 대한 그리움은 더 크게 다가온다. 퇴원 후에 내 고향 안성을 그리워하는 시조 한 편을 쓰게 되었는데 이 시조의 배경은 꿈 많던 어린 날의 신흥동에서의 삶을 그려낸 작품이다.

돌아가 살고파라 내고향 안성 신흥동
진홍빛 꽃이 물든 도그머리 바위산에서
지평선 찬란한 노을을 품에 안고 싶어라.

나 홀로 즐겨 찾던 산딸기 익던 골짜기
유년의 그 하늘은 한 없이 높았었네
지금도 하얀 찔레꽃 꿈 속에서 피고 지네

그때 그 풀빛은 처음처럼 푸르르고
그 냇물 끊기지 않고 쉬임 없이 흘러오네
긴말이 필요치 않더라 세상사 사는 일에

인생은 슬픈 것도 기쁜 것도 아니거니
발길 놓이는 대로 천천히 걷다보면

그 작은 풀꽃에서도 참사랑을 듣는다네.

—졸시 「수구초심(首丘初心)의 노래」 전문)

필자가 7살이 되던 1948년에 안성읍 봉산동에서 그 유명한 함석골목으로 이사하면서 내 유년의 황금기를 이곳 신흥동 207의 4번지가 꿈의 보금자리가 되었다. 함석골목 일대가 신흥동 207의 4번지로 모두 같은 번지에 속해 있었다. 남쪽으로 40여 미터 앞에 안성천의 둑방이 있었고 그 아래로 맑은 냇물이 하얀 모래 위로 넉넉하게 흐르고 있었다. 개천 건너에는 도그머리(도기동)가 눈에 들어오고 넓은 들 왼쪽 끝에 끄트니(계동)가 가물가물 걸쳐있었다.

8살에 백성국민학교에 입학하고부터 동무들과도 잘 어울리면서 봄, 여름, 가을, 겨울의 계절 바뀜처럼 나의 신흥동의 어린 시절에는 심심한 날이 없었다.

신흥동에서 가장 가까운 산이 도그머리 뒷산이었다. 작은 산이었지만 미양면까지 이어지는 제법 긴 산줄기로 뻗쳐있었다. 언제부턴가 이 산에 피는 진달래꽃이 너무 아름다워 한 아름씩 꺾어와 집에서 보고 즐기던 기억이 지금도 생생하게 느껴진다. 4월에 피던 진달래꽃을 기다릴 수 없어 꽃망울이 맺힌 가지를 꺾어다가 물병에 꽂아 놓고 꽃이 빨리 피기를 고대하던 마음은 미래에 대한 희망을 갈망하는 인간의 본성이 아닐까 하는 생각이 된다. 진달래가 진홍빛 아름다움을 뿜어낼 때에 그 꽃을 바라보던 나의 마음은 기쁨으로 충만한 행복 그 자체였다.

진달래와 거의 동시에 피어나는 꽃이 할미꽃인데 자줏빛 꽃빛이 사람의 마음을 끌어당기는 마력이 있었다. 봄의 꽃으로 개나리꽃도 그 위세가 자못 컸지만 노란 개나리꽃은 진홍빛 진달래꽃에는 미치지 못하였다.

꽃을 사랑하는 마음에 기쁨이 있고 그 기쁨이 바로 행복이 아닐까? 어린이들이 꽃을 가까이 하는 생활 속에서 아름답게 성장하여, 원만하고 성실한 사람이 되어 사회에 진출한다면 보다 건강한 사회가 될 것으로 생각한다.

안성천 개울에는 피라미, 모래무지, 송사리들이 떼를 지어 올라오면 견지 낚시로 피라미를 잡는 재미에 하루해가 저무는 것도 모른다. 둑방에서 어머니가 저녁을 먹으라는 큰 소리가 들리면 부랴부랴 낚시대와 잡은 물고기를 챙겨서 맨발로 황급히 집으로 뛰어가던 때가 엊그제 같은데 60여년의 세월이 흘러갔다. 그렇다 인생은 맨발로 걷는 것이다. 맨발로 진흙도 밟아 보고, 뜨거운 백사장도 밟아 보고, 언 강도 건너는 것이 인생이다. 강을 건너고, 산을 넘고 들판을 지나가고서야 인생을 알게 된다.

참외와 수박이 익어가는 7월이 오면 그래도 풍요로운 먹거리가 있어서 여름은 좋았었다. 들녘 밭 곳곳에 원두막이 있었고 각종 참외가 어린이의 마음을 흔들어 놓기에 충분했다. 지금의 기억으로도 한 두 번의 참외서리를 한 적이 있었고, 그 것은 하나의 추억으로서 좋은 것이 아니라 절대로 해서 안되는 일임을 지금에서야 깨닫게 되었다.

산딸기는 산이 스스로 키워낸 가장 소중한 먹을거리였다. 막 여름방학이 시작되면 산딸기를 따기에 충분한 시간이 있었고, 산딸기를 찾아 헤매다 보면 여름의 뜨거운 태양에 얼굴은 까맣게 타들어갔다. 산딸기에는 두 종류가 있는데 하나는 1년생으로 넝쿨로 뻗어가다가 딸기를 열고, 다른 하나는 다년생 나무로 꼿꼿하게 자라면서 가지에 무서운 가시를 달고 있어서 조심하지 않으면 날카로운 가시에 찔리기가 쉽다. 달고 맛있는 딸기나무에 가시가 달려 있듯이 달콤한 뇌물과 유혹에는 무서운 가시가 있다는 것은 한참 세월이 흐른 후에 알게 되었다. 수많은 사람들이 그 무서운 가시에 찔려서 피가 나고 그 연유로 인격이 죽은 사람들을 많이 보았다.

그렇게 산과 들과 냇가에서 여름을 보내고 나면 벼들이 잘 익어서 어느새 들녘은 황금빛으로 잘 색칠이 되어져 가고 있었다. 그쯤이면 메뚜기가 살이 올라서 간식거리로는 최고의 먹을거리였다. 먹는 것이 부실하였던 그 시절에 누구도 메뚜기를 잡아오라고 시키지는 않았지만 스스로 메뚜기를 잡아오던 내가 신통하기도 하였다. 메뚜기는 해질녘에는 동작이 느리고 잠에 드는 때라 잡기가 매우 쉽다. 메뚜기를 잡다보면 어느 덧 해는 저물어 어둑어둑 해지고 저녁 기차가 옥산들을 가로질러 연기를 뿜으며 철커덕 철커덕 힘차게 철다리를 건너가고 노을은 붉은 물감을 엎질러 놓은 듯이 너무 아름다웠지만 집에서 너무 멀리 떠나온 어린 마음에 무서움이 엄습해왔다.

정월 대보름날, 보름달이 눈부시게 빛나는 밤에 그 무슨 소원을 비는건지 보름달을 향하여 수 없이 큰절을 공손하게 드리기도 하였고, 도기동과 신흥동의 쥐불놀이는 마을 간에 싸움으로 이어지기도 하였으니 그 것은 악의 없는 놀이였다.

쇠전거리에 소시장이 서면 각처의 소들이 말뚝에 묶인 채 낯선 새주인을 기다렸고 가을이면 농악소리도 심심치 않게 골목을 들썩거렸다. 새벽 미명에 비봉산 기슭의 예배당의 맑은 종소리가 아침을 깨우면 동쪽 하늘이 서서히 열리기 시작하였다. 봄이 오면 언제나 도그머리 뒷산의 진달래는 꽃봉오리를 피우면서 어린이들을 손짓하고 있었다. 날이 풀리면 개구리들이 알을 수북하게 쏟아내고 알에서 깨어난 올챙이들이 사방으로 흩어져 꼬리로 물장구를 치면 물고기로 착각하는 일도 자주 있었다.

파란 보리의 물결이 바람에 파도를 일으키면 그 아름다운 장관을 지금은 볼 수가 없다. 보리가 아이들 키만큼 자라서 술렁이면 종달새가 도, 레, 미, 음계를 짚으며 하늘 높이 날아오르면, 그 고운 새 소리는 온 들판으로 퍼져나갔고, 그 때쯤이면 종달새는 예쁜 둥지에 알을 오롯이 낳고 품는다. 새들의 둥지를 발견하는 것이 매우 신기하고 재미있어서 그런 일에도 몰두하기도 하였다. 작은 새도 대 여섯 개의 알을 낳아 새끼를 잘도 키울 줄 아는데 만물의 영장이라는 사람은 제 새끼 하나도 건사하지 못하는 것은 현실을 보면서 씁쓸한 생각을 지울 수가 없다. 그 뿐이랴 새들은 둥지를 여러 개 만들어서 세를 주거나 파는 일이 없다. 새끼를 다 키우고 나면 그 둥지를 버리고 자유롭게 날아다니면서 살아간다. 새나 사람이나 모두

여름날에는 안성천 백사장에서 난장이 벌어졌는데7) 남사당 놀이패의 줄타기, 인형극, 사물놀이 등이 인기몰이를 하고 있었고, 소 한 마리를 상품으로 걸고 전국 씨름대회를 열기도 하였는데, 소 한 마리의 값이면 대단한 금액이어서 전국 각지에서 모여든 장사들이 힘을 자랑하는 씨름 경기의 열기는 매우 뜨거웠었다. 이 때 접한 남사당의 공연은 매우 인상적이었는데, 그 때 받은 강열한 느낌에다 작고하신 어머니를 그리워하는 마음을 더하여 『남사당 별곡』 이라는 시조를 쓰게 되었다. 남사당의 본거지는 서운면 청용이 본거지로서 우리가 계승 보존해야 할 매우 중요한 무형문화재이다.

---

7) 신흥동에서 서운면으로 향하는 다리 왼 쪽 백사장

이 『남사당 별곡』은 많은 독자들의 호평을 받았으며, 심진섭 작곡가가 합창곡으로 창작하여 여러 차례 공연하여 큰 호평을 얻기도 하였다. 이 시조를 이종록, 김국진 작곡가가 가곡으로 작곡하기도 하였다. 이 시조의 전문은 아래와 같다.

여름날 황혼 빛을 끌고 오던 집새기여
돌부리에 채이는 얼얼한 그 징소리
성황당 어깨 너머로 쩔뚝이며 오더니.

이 저녁 어느 골에 그 깃발을 올릴거나
봇도랑 물 흐르듯이 울컥 울컥 목이 메는
어머니 그 한 세월이 눈물처럼 무너질 때.

몇 번을 더 돌아야 그 매듭이 풀릴거나
몇 번을 두드려야 그 응어리 삭일거나
징 소리 청산을 때리면 산새들만 아팠다.

자줏빛 실타래가 바람으로 풀려가는
남사당(男寺黨) 한 마당이 황톳재를 울고 넘던
동짓달 꺾인 달빛이 몸져누워 있구나.

–졸시 「남사당별곡(男寺黨別曲)」 전문

필자와 서운면은 운명 같은 인연이 있다. 초등학교 5학년 때에 할아버지께서 말씀하시기를 서운면 홍씨 집안에 좋은 규수가 있는데 6학년 졸업을 하게 되면 나를 그 집으로 장가를 보내겠다는 것이었다. 지금 생각해 보면 손자가 귀여워서 한 말인데 그것도 모르고 울었던 기억이 지금도 생생하게 기억이 난다. 할아버지도 돌아가시고 나이 30살에 나의 짝이 된 홍성채는 서운면 중말(인리) 홍곤표 선생[8]의 고명딸이었으니 이일 또한 기이한 일이기도 하다. 할아버지의 말씀과 나의 혼인과는 어떤 관계가 있는 것일까.

1895년에 안성에서 출생하신 할아버지도 안성초등학교 졸업생이셨으니 사실상 나는 안성의 토박이인 셈이다. 할아버지께서 직장 관계로 잠시 외지에서 지내시긴 하셨지만 할아버지는 친구도 참 많으셨다. 누구보다도 필자인 손자를 끔찍하게 사랑하셨던 할아버지를 위해서 아무것도 한 것이 없으니 할아버지께 항시 미안한 마음이다. 한 때 신흥동에서 사셨던 불쌍한 우리 어머니. 42살에 어린 6남매를 두고 어떻게 눈을 감으셨을까? 이 글을 쓰면서 눈물이 빗물처럼 쏟아진다. 한 때 신흥동에서 사셨던 어머니와 손자인 나를 끔찍하게 사랑하셨던 할아버지를 생각하면 신흥동 207의 4번지는 결코 잊혀질 수 없는 공간이다.

안성천변에 안성을 예찬하는 나의 시조 『안성예찬』 시비가 세워지고, 서운면 청용골에 『남사당 별곡』 시비가 세워진다면 안성을 찾는 손님들에게 안성의 이야기를 나눌 수 있는 좋은 공간이 될 것으로 생각한다.

---

8) 처남 홍성규, 홍성계 선생의 선친

삼강나루, 그 주막

어젯밤 대구의 <시하늘> 카페가 주관하여 치른 시낭송회 행사 후에 가졌던 뒤풀이 모임이 새벽까지 이어져서 동행한 일행들이 겨우 술에서 깨어난 시각은 오전 10시가 넘어서였다. 이번 행사의 주인공인 공광규 시인, 동행한 김시동 시인과 함께 해장국집을 찾아 들어섰다. 봄은 앙상한 나뭇가지에 윤기가 흐르도록 햇빛을 칠하고 있었다. 뜨거운 김이 모락모락 오르는 얼큰한 해장국으로 속을 달래면서 오늘의 일정을 의논 하다가 공광규 시인이 상경 길에 예천의 <삼강주막>을 둘러보고 가자는 제안을 하였다.

처음 들어보는 <삼강주막>이었지만 남아 있는 조선시대의 마지막 주막이라는 말에 흥미를 가지게 되었다. 조선시대의 주막은 어떤 모습이었을까 하는 궁금증에 나름대로 여러 가지의 그림들이 머리에 떠올랐다. 예천은 안동, 영주와 더불어 경북 내륙의 중요한 거점 도시로 많은 역사적 유물이 산재한 지역이다. 경부고속도로를 따라 서울 방면으로 가다가 구미시로 들어섰다. 정확한 지리를 몰라서 길을 물으며 <삼강주막>을 찾아가는 일이 그리 간단치가 않았다. 그럴 줄 알았으면 미리 정확한 주소를 알아가지고 왔을 것인데 이미 시작된 일이고 보니 멈출 수도 없는 상황이었다. 천신만고 끝에 우리 눈에 모습을 나타낸

<삼강주막>은 큰 고목나무 아래에 얌전한 시골여인의 모습으로 앉아 있었다. 안내인의 도움으로 <삼강 주막>에 관한 이야기를 들을 수 있었다.

안동 하회마을을 돌아 나온 낙동강, 회룡포를 휘감고 뻗어 온 내성천, 죽월산에서 흘러 내려온 금천, 그렇게 세 줄기의 강이 만나는 곳이 삼강리다. 경북 예천군 풍양면 삼강리에 소재한 이 주막은 이 시대 유일하게 남아 있는 조선 전통주막이며, 유옥연 할머니가 19세에 이곳에 시집을 와서 돌아가시기 전까지 약 70년간 <삼강주막>을 지켰다고 한다. 몇 해 전까지만 해도 삼강주막엔 이제 전설이 된 유옥연 주모가 살아 있었다고 한다. 마흔 살부터 여든아홉 살까지 '주모'라는 이름으로 주막을 지켜온 유옥연 할머니는 2005년 시월 초하루에 세상을 떠났다고 한다.

주막은 밭 전(田) 자 모양으로 지어졌는데 두 개의 방과 한 칸의 부엌, 그리고 한 칸의 마루로 되어 있었다. 부엌에는 큰 옹기 항아리가 땅속에 묻혀 있고, 무쇠솥이 걸려 있었다. 공간을 효과적으로 활용할 수 있도록 건축한 것이 특별하다. 이러한 건축물을 처음 접하였다. 또한 이 주막은 행동반경을 매우 좁게 하면서 일하기 편하도록 설계된 것이 특징이다. 보부상이나 시묵객들의 숙식을 해결해 주었던 공간이었다. 부엌은 그을음으로 새까맣게 그을려져 있었다. 그 검은 그을음 바탕에 칼로 금을 그어서 외상값을 표시했다고 한다. 방이 두 칸인 것은 주인이 살림하는 방 한 칸과 손님을 위한 한 칸의 방으로 사용되었을 것이다. 부엌에 표시된 칼자국을 보면서 유옥연 할머니의 애환의 상처를 어렴풋이 보는 듯 했다. 이 작은 공간에서 평생의 세월을 보냈던 그는 아마도 멀리 나들이도 못했을 지도 모른다.

마루는 강을 향해 바라보고 있었다. 마루에 앉아서 멀리서 오는 손님을 보며 맞이하였을 것이다. 강 언덕에서 바라본 낙동강은 아주 천천히 그리고 잔잔히 흘러가고 있었다. 마치 옥색 비단을 널리 펼쳐 놓은 듯이 수려하고 아름다웠다. 수많은 사람들이 배를 타고 이 강을 건넜지만 지금은 아무런 흔적조차 찾을 수 없다. 이 삼강나루의 나룻배가 수많은 삶의 이야기를 실어 날랐을 것이다. 한용운 시인의 시 「나룻배와 행인」이 문득 떠오른다.

4월의 새 봄볕은 병아리 깃털처럼 따스한데 주막에 뒷짐 지고 큰 덩치로 딱 버티고 서있는 몇 백 년된 회화나무 고목은 아직도 잎을 내미는 것을 주저하고 있다. 산과 풀과 나무, 그리고 먼 하늘만 바라보며 한적한 강가에서 오시는 손님을 기다리며 살아갔을 유옥연 할머니는 많은 사람들로 부터 사랑도 받고 또 마음에 큰 상처도 받았을 것이다.

회화나무는 외롭게 앉은 주막을 지켜주는 친구 같이 느껴진다. 이 고목이 있어 유옥연 할머니도 위안을 받았을지 모른다. 쓰러져 가는 주막을 예산군청에서 다시 개축하여 오늘의 모습을 보여주고 있고 지금은 경상북도에서 민속문화재 제134호로 지정하여 관리하고 있다. 관광객을 위한 식당이 우리를 편하게 맞이하였다.

주모가 내주는 도토리묵과 따끈한 배추전 안주에 막걸리가 잘 어울리는 상차림이었다. 조선시대 주막에 앉아 술상을 받고 있는 느낌이다. 시중드는 사람들의 복장이 조선시대의 것이었으면 더욱 좋을 듯싶다. 그 시대나 이 시대나 사람이 살아가는 모습은 본질적으로 같을 수밖에 없는가 보다. 산에는 올해도 진달래가 붉게 피었는데 한 번 간 인생은 진달래처럼 왜 다시 피지 못하는가. 중국의 시인이 말하기를 매년 같은 꽃이 피지만 그 꽃을 보는 사람은 매번 다르다고 하는 말이 떠올랐다.

진달래처럼 아름답게 피었을 유옥연 할머니의 핏줄들은 어디서 무엇을 하며 살고 있을까. 한낮 나무도 수백 년을 사는데 사람은 고작 몇 십 년을 살다 간다.

돌아오는 길에 차속에서 삼강주막에 검게 그을린 부엌 벽의 칼자국이 자꾸 눈에 어른거렸다. 귀경한 후에 유옥연 할머니를 생각하며 삼강주막에 대한 시조를 한 편 썼다. 벼슬을 한 것도 아니요 특별한 삶을 살지 않았지만 유옥연 할머니의 이름은 오래 기억될 것이다.

수많은 민초들이 밟고 간 삼강(三江)나루
그 때 그 풀빛은 오늘도 푸르른데
역사는 흙에 묻힌 채 흰모래만 곱구나

님을 기다리며 낡아가는 세월 속에
빈 나루에 작은 배가 밧줄로 묶여 있네
가끔씩 먼지바람에 풍문(風聞)만 쌓여가고

회화나무 가지 사이 하늘은 한 없이 높고
긴 세월에 남은 것은 썩은 가지뿐이네
육중한 몸으로 하는 말, 눈빛으로 알겠네

봄은 꽃을 들고 문 밖에서 기다려도
회화나무 검은 가지는 내다보지 않는구나
한 줄금 비라도 와야 문을 열고 나오려나

칠흑 같이 어두운 밤, 등잔불도 약해지면
주모(酒母)는 열사흘 달을 가슴으로 퍼 담으며
그 밤에 홀로 떠난 님을 물 위에 그려 보네

그을린 부엌에는 무쇠솥이 걸터앉아
주인을 땅에 묻고 홀로 남아 무엇 하나
언제쯤 새 주모를 만나 한 세상을 끓여보나

거덜 난 팔자 같은 타다 남은 숯검뎅이
인생은 타고 또 타는 기름 같은 장작 같은
모두가 타버리고도 아쉬움은 재가 되고

감히 인생을 안다고 말하지 마라
그대 가는 길을 안다고도 말하지 마라
술에나 취하지 않고는 이 강을 건널 수 없네

여기 삼강(三江)나루 쉬어가는 나그네여
사랑은 풀꽃 같은 것, 풀꽃처럼 떠나셔도
천여 필 옥색 비단을 끊고 갈 순 없겠네

–졸시 「삼강나루 그 주막(酒幕)」 전문

항아리

30여 년 전만 해도 시골에는 집집마다 장독대가 있었고 장독대 옆에는 봉숭아 맨드라미가 몇 그루씩 피어 있는 정경을 흔히 볼 수 있었다. 여름에는 담장에 호박넝쿨이 힘차게 뻗어나가며 소박한 호박꽃을 피웠다.

장아찌를 담아놓은 귀여운 작은 항아리에서부터 장을 담은 큰 항아리까지 한 식구들처럼 가지런히 놓여진 장독대는 조선 음식문화의 산실이었다. 고추장 간장 된장 등이 이 장독대에서 숙성이 되어 음식의 기초 조미료로 음식의 맛을 내는 역할을 담당하고 있었다. 음력 2월이면 굵은 소금을 물에 풀고 잘 익은 메주를 띄운 후에 참숯과 붉은 고추를 얹으면 간장을 담그는 일이 끝난다. 또 그 뒤에 다른 항아리에는 그 나이를 알 수 없는 오래 묵은 간장이 반쯤은 담겨져 있게 마련이고 그 바닥에는 소금 덩어리가 세월의 앙금처럼 하얗게 가라앉아 있었다.

작은 항아리에 잘 익은 고춧가루로 빚은 고추장은 햇볕에 잘 익어가도록 뚜껑을 열어놓았다. 반찬이 별로 없던 시절에는 간장 된장 고추장이 조미료가 아니라 반찬이 되었던 시절이었으니 장독대가 갖는 기능은 매우 중요하였다. 여름에는 된장만 있으면 상추쌈만으로도 밥 한 그릇을 비우기 쉬웠고 저녁에는 연한 호박잎쌈이 식욕을 돋우어 주었다. 매끈한 호박이 한 두 개라도 열리면 반찬은 더욱 푸짐해 지기 마련이다. 그렇게 소중한 항아리이기에 조선의 여인들은 장독의 항아리를 항시 정결하게 닦아놓았다.

시어머니의 호된 꾸중이라도 듣는 날이면 장독대에 홀로 와서 남모르게 눈물을 훔치던 곳이 장독대이다. 장독대에서 아픈 마음을 다스리고 삭이곤 하였던 것이다. 고추장을 담은 항아리나 간장을 담은 항아리도 그 짜고 매운 맛을 온 몸으로 받으면서도 안으로 안으로 삭이면서 좋은 맛으로 바꾸어 놓는 것이다. 어쩌면 조선 여인의 마음과 항아리는 비슷한 데가 있어 보인다. 흙으로 빚은 항아리는 숨을 쉬며 살아있는 그릇이라고 한다. 살아있는 그릇이어서 간장과 고추장을 숙성시킨다고 한다. 그저 순순히 운명처럼 받아들이고 순종하는 조선의 여인과 항아리는 어딘가 닮은 데가 있다. 장독대에서 만들어진 음식이 아니어서인지 요즈음 음식의 맛은 옛날과 많은 차이가 있는 것 같다.

아파트에 갇혀서 흙을 밟지 않고 사는 아이들에게 이런 경험과 추억을 만들어 줄 수 없는 것이 안타깝다. 자연과 멀어지는 삶은 사람의 본성을 잃게 하는 주범이다. 오직 사람이 인성을 회복하는 길은 자연 속에서 자연과 함께 살아가는 방법뿐이다. 감나무 두어 그루가 서 있는 뒤란에 하얀 눈이 내려서 장독대에 소복이 쌓인 눈을 문득 이 겨울에 다시 보고 싶어진다.

항아리

짜고 매운 맛을 온 몸으로 받으면서
까칠한 보리알의 응어리를 삭일 때에
오뉴월 튀는 해살에 가슴에 금이 갔다.

구질한 가랑비에 세상만사 다 적시고
눈보라 비바람에 가릴 곳이 없고 보면
동동 뜬 붉은 고추는 맨발로 울었단다.

은행나무

나무마다 생태가 다르지만 그 중에서도 은행나무 같이 독불장군처럼 우직스런 나무도 없다. 사람에 비한다면 무뚝뚝한 사람 같다고 할까? 그래서 그런지 은행나무는 열매를 맺으면서도 꽃은 생략한 듯하고 바로 열매를 맺는다. 복잡한 절차가 무슨 필요가 있느냐는 듯이 말이다.

뚝심 좋은 은행나무는 살기도 오래 살아서 천년쯤은 거뜬하게 장수한다. 나뭇잎도 특이하여 질기고 특이한 냄새를 갖고 있어 벌레들이 얼씬도 못한다. 아니 근접할 엄두를 내지 못한다. 누가 선택을 했는지 서울에는 많은 가로수로 은행나무를 많이 심어 놓았다. 벌레가 타지 않고, 한 번 심어놓으면 천년을 사니 교체할 필요도 없고 생명력이 강하니 죽을 염려도 없을 뿐만 아니라 열매도 좋고 목재도 쓸만해서 가로수로 선택되지 않았나 생각한다.

한 때 수유리에 살 적 은행나무가 좋아서 한 그루 심었더니 어찌나 잘 자라는지 너무 잘 커서 감당을 할 수가 없었다. 온 집안으로 은행나무 뿌리가 쳐들어오는 것이었다. 그 뿌리 때문에 집에 문제가 생길 판이었다.

서울에 있는 은행나무로는 성균관 명륜당 앞에 있는 두 그루의 은행나무가 명품이다. 기골이 장대한 기품이 장군감이다. 그런 장대한 은행나무가 가을이면 금빛 가녀린 잎을 흔들면서 자기 자랑을 한다.

가을에 단풍이면 붉은 단풍이 제일인 줄 알았는데 언젠가 노란 은행잎의 찬란한 빛에 매료되고 말았다. 은행잎의 단풍 물에 매료된 사람이면 다른 단풍의 빛깔은 눈에 들어오지 않는다. 바람에 흔들리는 노란 은행잎은 마치 수많은 금화를 흔들어 대는 것 같다. 그런 광경을 접하고 보면 벅찬 가슴을 다스릴 수가 없다. 가을에 그런 경험을 한 번 가져보시면 어떨는지?

경복궁 앞 세종로에 은행나무를 많이 심어 놓았는데 가을에는 이 보다 더 품위 있는 풍경이 없을 것이다. 이 나라의 앞날이 은행나무 잎의 금빛처럼 빛나서 세계를 밝게 하는 날이 오기를 바라는 마음이다.

화려한 꽃엔 열매가 없다

유명(有名)한 풀꽃들은 찬서리에 스러지고
겨울에 큰 나무들 모두 잎을 버렸지만
무명(無名)의 작은 풀들만 시퍼렇게 살아있네.

–졸시 「작은풀」 전문

이 세상의 많은 나무와 풀들을 보면 살아가는 생태가 가지각색이다 생김새와 수명, 생장과 번식의 방식이 제 각각이다. 어떤 식물은 수명을 천년이나 누리고 어느 식물은 일년을 넘기지 못하는 것도 있다. 어느 식물은 화려한 꽃을 피우고, 어느 식물의 꽃은 좋은 향기를 갖고 있고, 어느 식물은 좋은 과일을 맺기도 한다. 또 어떤 식물은 꽃도 열매도 없는 것을 보게 된다. 하지만 한 가지 공통점은 자기 종족을 번식 유지해 나가고 있는 점이다.

어느 식물은 꽃이 없어도 좋은 과일을 맺고, 꽃은 비록 아름답지 못해도 훌륭한 열매를 맺는데 유독 화려한 꽃을 피우는 식물에게서는 아름다운 열매를 볼 수가 없다. 모란, 작약, 목련, 해당화, 장미, 진달래 철쭉 등은 아름다운 꽃은 피우되 아름다운 열매는 없다. 하나님은 아름다운 꽃을 피우는 나무에게는 아름다운 열매를 주지 않았고, 아름다운 꽃을 피우지 못하는 나무에게는 아름다운 열매를 맺게 하였다. 참으로

공평한 조물주의 배려이다. 아름다운 꽃을 피우는 나무에게 아름다운 열매를 주었다면 그 나무는 얼마나 교만해질 것인가?

사람들에게도 이와 같이 골고루 조물주의 배려가 있다. 한 사람에게 모든 것을 다 허락하지 않았다. 한 사람, 한 사람에게 특별한 재주와 능력을 주었다. 다만 그 것을 모르고 찾지 못할 뿐이다.

풀 한 포기, 나무 한 그루가 소중하듯이 사회의 구성원 한 사람, 한 사람이 모두 귀중한 존재이다. 그 모든 구성원들이 하나의 건전한 사회를 건설해 나아가야 하기 때문이다.

봄이 오면 산과 들이 푸르게 변하는데 그렇게 산과 들을 푸르게 하는 것은 이름 있는 식물들로 인하여 푸르게 되는 것이 아니라 이름 모를 작은 풀들과 나무들이 산과 들을 푸르게 하는 것이다. 한 겨울에 큰 나무들은 이미 잎을 떨어뜨리고 죽은 듯이 서 있지만 양지 바른 곳을 자세히 들여다보면 작은 풀들이 푸른 옷을 입고 겨울을 이겨내고 있는 것을 볼 수 있다. 큰 나무들도 결코 겨울을 이길 수가 없어서 잎을 모두 떨어뜨리고 죽은 듯이 서 있는데 작고 가녀린 풀들은 얼어 죽지 않고 그 푸른빛을 잃지 않고 살아있음이 경이롭다.

추운 겨울에도 논과 밭에 심지 않아도 잎을 피우는 냉이들도 대견한 식물들이다. 추운 겨울에 자기의 영토를 확보하고 번식해 가는 냉이의 지혜도 본 받을만하다. 냉이는 작아도 하얀 꽃마저 피운다. 화려한 꽃을 피우는 나무는 목재로 쓰이는 법이 없다. 나무가 실하게 굵어지지 않기 때문이다. 내가 심은 나무는 화려한 꽃을 피우는 나무일까? 아니면 먼 훗날 좋은 목재로 쓰일 나무나 혹은 좋은 열매를 맺는 나무일까?

한 장의 눈물 젖은 손수건

사람은 짧던 길던 간에 한 생을 살게 되어 있다 .또한 각자가 살다간 자취도 다르게 마련이다. 하지만 다 같이 공감하는 것은 인생은 매우 짧다는 것이다. 마치 꿈처럼 지나간다는 사실이다. 일장춘몽(一場春夢)이란 말이 어렸을 때에는 무슨 말인지 실감이 나지 않았다.

요즈음에 와서는 인생이 한바탕 꿈처럼 지나간다는 사실을 절실하게 느껴진다. 할아버지 할머니 아버지 어머니 가까운 친척의 어르신들 그리고 친구, 스승이 이 세상과 결별하였다. 내가 이제는 우리 집안에서는 하늘나라로 가는 차를 탑승하는 1순위 차표를 손에 쥐게 되었다.

간밤에 바람이 몹시 불더니 뜨락에 핀 하얀 목련꽃이 며칠 만에 떨어진 것을 본 적이 있다. 봄인가 싶었더니 어느새 하얗고 예쁜 꽃망울이 맺히더니 화사한 꽃잎을 보고 좋아하였다.

바람이 몹시 불며 비가 오던 지난밤에 그 꽃이 모두 지고 말았다. 순식간에 닥친 일이었다. 그렇게 인생은 오고 또 가는 것 같다. 나무도 몇 백 년을 사는데 우리는 고작 몇 십 년을 살면서"자연을 지배하고" 등등을 운운한다. 우리가 자연을 지배하는 것이 아니라 우리는 잠시 머물다 가는 것뿐이다. 그 이치를 알면 결코 슬퍼할 것도 없을 것이다.

어느 때부터 이 땅에 사람들이 살기 시작했는지는 아무도 모른다. 오직 조물주만이 알고 있다. 수많은 사람들에게 이 세상에 왔다가는 소감을 묻는다면 많은 이야기를 할 수 있을 것이다. 하지만 짧은 한 마디로 요약한다면 "인생은 한 장의 눈물 젖은 손수건"이라고 말 할 수 있을 것이다.

다음과 같이 시조 한 수를 지었다.

나무는 서성이며
백년을 오고 가고

나무야 앉아서도
천년을 바라본다

짧고나, 목련꽃 밤은
한 장 젖은 손수건.

–졸시 「목련꽃 밤은」 전문

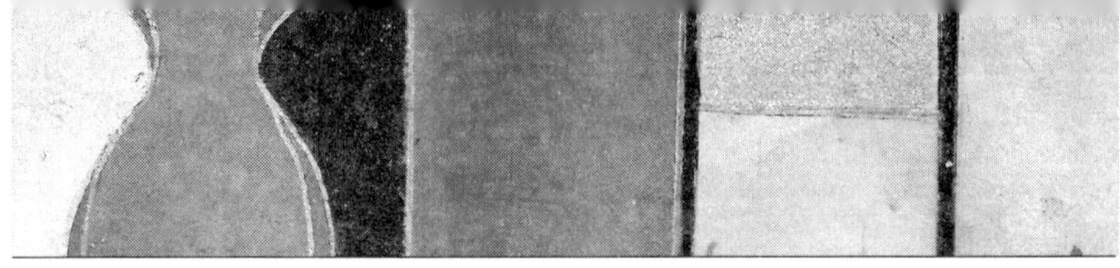

아름답게 보일 때

이 세상에는 아름다운 것이 매우 많다. 이를 다 거론하는 것은 사실상 불가능하다. 하지만 아름답게 보여지는 원리는 대개 몇 가지로 모아질 수 있을 것이다. 이의 종류를 구분하면 보이는 것과 보이지 않는 것이 있는데 보이는 것은 눈으로 확인할 수 있는 물체를 말함이요, 보이지 않는 것은 마음의 느낌과 상상으로 열리는 세계라고 할 수 있다.

보이는 것은 물질적 특성을 갖고 있고 보이지 않는 것은 정신적 특성을 가지게 된다. 물질적 특성의 것은 시간에 따라 변하는 것이고 정신적 특성의 것은 변하지 않는 특성을 갖고 있다. 물질적 특성은 빛의 유무에 따라서 다르게 보이고 정신적 특성의 것은 개인적 경험, 사고와 상상력에 따라서 고유의 아름다움을 향유하게 된다.

아름다움을 추구하는 것은 종국적으로 행복한 삶을 가지려는 사람들의 욕구요 희망이기도 하다. 물질적인 아름다움은 바라보는 이의 시각에서 결정되는 것으로 때로는 매우 주관적인 평가일 수도 있다. 물질적인 아름다움은 변하는 것이지만 정신적인 아름다움은 변하지 않으니 그 가치를 따진다면 정신적인 아름다움일 것이다. 그렇다면 정신적인 아름다움의 실체는 과연 무엇일까?

사람에게서 가장 소중한 것은 무엇일까? 그것은 사람이 누리고자하는 기쁨이다. 어느 누구나 기쁨을 향유하고자 한다. 그 기쁨은 어떻게 이루어지는 것일까? 사람이 갖고 있는 일차적인 기본적인 욕구를 기쁨의 한 종류로 볼 수 있다. 의식주를 해결하고 생식하고 번영하는 일들이 이에 해당할 것이다.

이러한 일차적인 욕구를 해결하는 것은 누구나 누리는 것으로 일시적인 것으로 다른 동물과 다를 것이 없는 지극히 평범한 것으로 그 것이 결코 기쁨이라고 볼 수 없다. 기쁨이라고 함은 어떤 감동을 유발하는 가에 달려있다고 본다. 그런 감동으로부터 연유하는 기쁨에서 우리는 아름다움을 볼 수 있다. 그러한 감동은 사회생활을 통하여 사람과 사람 사이에서 이루어지는 결과이다. 내가 존재함으로 그 감동을 느낄 수 있고 그 사회생활을 통하여 나의 존재를 확인하는 과정에서 그 감동을 체험할 수 있다. 그 감동은 사람과 사람 사이에서 이루어지는 사랑의 삶이 감동을 가져온다. 사회생활에서 사랑이 없다면 이것 보다 비참한 삶은 없을 것이다. 사랑이 없다면 냉혹한 약육강식의 삶만이 존재할 것인데 폭력과 시기와 질투, 불안 등으로 한시도 안정된 삶을 영위할 수 없을 것이다.

사람이 행복한 삶을 누릴 수 있으려면 자기가 처한 사회가 사랑으로 충만하고 평화적이고 공존적인 분위기이어야 한다. 사랑을 받을 때 우리는 기쁨을 누리고 사랑을 하는 사람도 기쁨을 누린다. 인생에서 사랑을 제거하면 삶은 아무런 가치 없는 것이 될 것이다. 사랑은 사람이 살아가는 방법이요 목표이기도 하다. 그것은 영원한 아름다움이기도 하다. 세상에서 가장 아름다운 것은 사랑뿐이다.

이 간단한 원리를 사람들은 망각하고 살아가고 있다. 그 긴 학교의 교육과정에서 많은 지식을 전달하고자 횡설수설하며 많은 시간을 낭비하고 있다. 가장 중요한 문제의 핵심을 놓아두고 물질문명의 발전에만 열을 올리고 있다. 따지고 보면 물질문명의 발달은 사람을 불행하게 만드는 일이다.

물질문명의 발달은 사람의 인성을 퇴화시키고 사람을 사회라는 기계의 한 부품으로 전락시키고 있다. 물질문명의 발달이 결코 사람에게 행복을 가져다주지 않는다. 사람이 행복해지려면 사람의 인성회복이요 서로 사랑하며 살아가는 방법을 배우고 실천해야 한다.

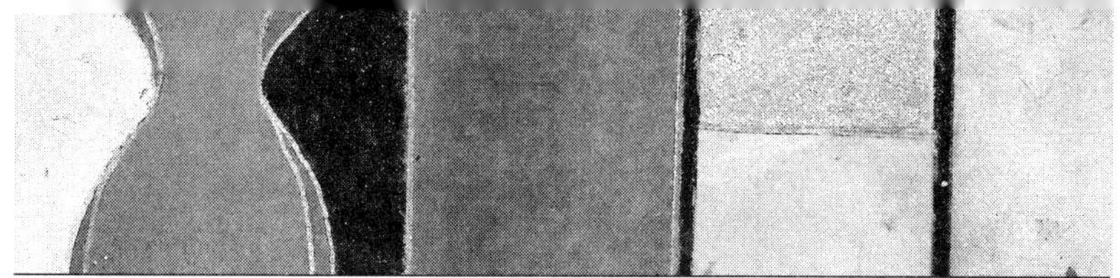

아름다운 풍경

쓸쓸한 빈자리엔 등불 하나쯤 켜 두거라
빛이 쇠하여서 보는 이가 없더라도
어둠에 버려져 있을 그 미물(微物)을 위하여

–졸시 「작은 등불」 전문

세상에는 크고 훌륭한 것이 많이 있지만 작은 문틈으로 들여다보면 아름다운 풍경들이 있다. 가까이 다가가면 더 선명히 그 아름다움을 볼 수 있다. 또한 세상의 아름다운 풍경을 상상해 보는 것은 삶을 풍요롭게 하는 생활의 활력소가 된다.

눈빛으로 이야기하는 엄마와 아기의 모습, 넘어지면서도 걸음마를 처음 배우는 아기, 서너 살의 아기가 걸음마를 시작하면서 할아버지를 따라 층계를 올라가는 모습과 아기들의 울음소리와 투정도 한 폭의 그림같이 아름답다. 아기를 깨끗이 씻기고 하얀 수건으로 물기를 닦아주는 순간과, 오후 한 때 엎드려 새근새근 곤한 잠을 자는 아기의 평화로운 모습이 아름답다.

손자 손녀에게 옛날이야기를 들려주는 할머니 할아버지의 주름진 얼굴과 팔이 아파도 금쪽같은 손자를 내려놓지 못하는 할머니의 굽은 등이 아름답다.

얕은 시냇물을 따라 거슬러 올라가는 피라미들을 쫓아가는 벌거벗은 아이들의 궁둥이가 아름답고 미루나무에 앉은 까치가 짝을 찾는 소리가 메아리쳐 돌아오는 봄날에 하늘은 파아란 옷을 조금씩 펼쳐 보일 때가 아름답다.

봄비에 파릇한 싹이 붓끝처럼 내밀고, 하얀 목련이 백조의 부드러운 목덜미처럼 부풀어 오르고, 벼랑에 간신히 발을 붙인 진달래가 빨간 입을 열고 무슨 말을 하려고 하는 때가 아름답다. 수많은 진홍빛 철쭉이 활짝 피어서 함성을 지르고 이제 막 잎을 피운 연초록 나뭇잎의 물감이 금방 하얀 옷에 떨어질 것 같은 4월의 얼굴과 골짜기마다 향수를 뿌리는 아카시아는 흰색의 수많은 작은 향수병을 흔드는 5월은 이름만 들어도 아름답다. 조금은 을씨년스런 봄비가 차분히 구슬처럼 굴러 내려올 때 우산에 매달려 가는 연인들의 부드러운 어깨와 비를 맞으며 노점에서 남은 채소를 파는 생활전선의 아주머니의 거친 손이 아름답다.

저녁노을이 물들어 갈 때, 5일장을 보고 집으로 돌아가는 중년 남자의 손에 들린 고등어자반과 색이 바랜 옷이지만 깨끗하게 다려 입은 중년의 남자가 어린 딸의 손을 잡고 걸어가는 모습과 잠든 아기를 품에 안고 다독이며 바라보는 엄마의 눈과, 강아지와 신나게 노는 아이들이 아름답다.

차 한 잔을 나누며 무슨 신나는 활동사진이나 보듯이 옛날의 필름을 재생하며 이야기하는 노인들의 모습과, 전철 안에서 낡은 성경책의 시편을 읽는 아주머니의 바른 자세가 아름답고, 구걸하는 사람에게 종이지폐를 선 듯 내어주는 허름한 차림의 아저씨의 얼굴과, 주어진 일처럼 아무 것도 바라지 않으며 쓰레기를 줍는 편안한 얼굴의 아저씨가 아름답다.

많은 조객들이 와서 한없이 울어주는 사람의 죽음이 아름답고 처음으로 사랑하는 사람에게 쓴 연애편지가 아름답고, 강변의 카페에서 연인과 함께 조용히 흘러나오는 음악과 함께 차를 마시며 별을 헤는 밤이 아름답다.

돌아가신 어머니의 얼굴을 떠올리며 그 사랑을 매번 되새겨보는 마음과 멀리 시집간 딸을 걱정하는 어머니의 마음과, 자식이 잘 되기를 바라는 마음으로 백일기도를 드리는 어머니와, 새벽 미명에 별이 총총한 데 정화수를 떠놓고 남편과 자식의 성공을 비는 어머니의 모습이 아름답다.

단간 방에 신혼살림을 차렸지만 궁전보다 더 좋아하는 신혼부부의 사랑과, 자기는 굶으면서 시어머니에게 따뜻한 쌀밥을 지어드리는 며느리의 효심과, 두부를 넣어 된장찌개를 끓여놓고 퇴근하는 낭군의 발자국 소리에 귀를 기울이는 신혼부부의 생활이 아름답다

붕어빵 하나를 반씩 나누어 먹는 형제의 모습과, 부모의 말씀에 순종하는 자식과 부모에게 눈물로써 잘못을 회개하는 자식의 모습이 아름답다.

여름 날 깊은 산 속의 계곡 물에 발을 담그며 듣는 물소리와, 빨갛게 산딸기가 익어 가는 평범한 산이 아름답고 배호의 "안개 낀 장충단 공원"을 들으며 흘러간 젊은 날을 회상하며 드는 차 한 잔의 여유와 오랫동안 잊었던 친구에게 전화를 거는 것을 볼 때가 아름답다.

자기는 라면으로 점심을 때우지만 친구에게 불고기를 대접하는 친구와, 모두가 "예" 라고 할 때에 "아니" 라고 말하는 용기 있는 사람과 친구의 허물을 말하지 않는 사람의 얼굴이 아름답다.

꽃은 피기 전의 꽃망울이 아름답고 더디 크는 나무가 장수하며 수를 누리는 것이 아름답다. 작은 새와 물고기는 색상이 아름답고, 사람은 작아도 우주만물의 영장이다. 아무리 아름다운 것을 보고 즐겨도 이는 육신을 잠시 즐겁게 하는 것이니 호화로운 무덤이 죽은 자의 이름을 아름답게 하지 못한다. 오직 우리가 투자할 대상은 자기의 아름다운 이름뿐이다. 이 보다 더 크고 보람된 투자가 이 세상에 없다고 할 것이다.

팔려온 나무

도심의 큰 빌딩의 한 구석에는 정원수가 자리를 잡고 길가에는 가로수들이 일정한 간격을 두고 군인들처럼 보초를 서고 있는 것은 고정된 하나의 풍경으로 자리를 잡았다. 어느 때 어느 곳에서 살다가 지금의 자리로 옮겨졌는지는 아무도 모른다. 거리를 활보하는 사람들도 이 나무들처럼 어디로부터 흘러서 왔는지 그 근본을 찾을 길이 없다. 그런 정원수들과 건물들과는 잘 어울리는 것 같이 보이지만 결코 어울릴 수 없는 모습이다.

나무들이 건물의 삭막함을 완화시켜주는 역할을 하지만 정작 나무들은 결코 건물들과 어울릴 수 없는 생체적 본능을 갖고 있다. 그렇게 호화스러운 나무들이지만 새 한 마리 둥지를 틀 수 없는 곳이고 새의 울음소리도 결코 들을 수 없는 곳이다. 높은 건물에 가려져 하늘과 햇볕을 볼 수 없으니 항시 핼쑥한 모습으로 겨우 생명을 유지할 정도이고 소음과 먼지들로 항시 더러운 몸을 가져야 하는 형편이다. 겨울에는 어디 의지할 곳도 없이 추위에 떨어야만 한다.

그러고 보니 살아있기는 하여도 핏기가 없고 꽃은 피어도 생기가 없다. 때를 따라 부는 신선한 바람과 흡족하게 쏟아지는 햇볕을 받으며 본래의 습성대로 살아가야 할 나무들이 고층빌딩의 틈바구니에서 겨우 뿌리를 박고 연명하며 고생을 한다. 적절한 공간확보를 하지 못한 나무들은 그 자체가 고통일 따름이다. 본래 사람도 나무들처럼 적절한 자연공간 속에서 살아가야 하는 데 빌딩 숲에 뿌리박고 사는 나무들처럼 도심 속에서 시들어 가고 있다. 산업화가 이루어 놓은 재앙이다.

그러한 나무들에게 사람들은 재화로서의 가치를 매겨서 매매하는 물건으로 전락시켰다. 나무들이 생각하기에 자기들이 재화로서 매매가 되는 상품이 되리라고 생각해 본 적이 없을 것이다. 살아있는 나무가 사람들의 치부의 대상이 되고 돌과 물도 하나의 재화로서 등장한지 오래되었다. 그러한 것들이 사람의 눈에 재화로 보일지라도 그 자체는 아무 변화가 없다. 그런 나무들처럼 사람도 하나의 재화의 가치로서 평가되는 것이 도시화가 가져다 준 하나의 기현상이다. 그 사람의 소득이 그 사람의 가치를 판단하는 척도가 되고 그 사람이 소유한 재산이 그 사람의 가치를 평가하는 잣대가 되었다.

나무나 사람이나 다 같이 도심으로 팔려온 물건이다. 무엇 때문에 이 도심으로 팔려온 것일까? 편리함을 추구하는 인간의 속성이 인간을 속박하는 쇠사슬이 되었고 스스로의 무덤을 파고 들어왔다. 도심의 발달은 인간멸망의 종착역이 될 것이다. 편해지려는 속성이 결코 사람을 편하게 할 수 없었다. 돈 놀음을 하다가 사람이 죽으면 그 육신은 땅에 묻히고 없어질 뿐이다. 죽는 시점에서 모든 사람은 모두 평등해진다. 썩어질 육신에 금칠을 하고 보석을 박은들 무슨 소용이 있는가?

묻힌 육신은 아무 것도 할 수 없고 육신이 누운 땅속은 깊고 무거운 적막이 있을 뿐이며 육신이 묻힌 땅 위에는 오직 풀만이 자랄 뿐이다. 하지만 내일도 태양은 이 땅을 비추고 밤에 별은 항시 빛날 것이다.

어느 날 느닷없이 고향의 뿌리가 뽑혀지고
도시의 최신형 빌딩 한 구석에 버려진 후
여기에 서 있는 까닭을 나는 아지 모른다

핏줄로 이은 뿌리는 끊겨져 아픈 자리
낯 설은 도시 풍물을 익혀가고 있을 즈음
여름내 그 상처에는 빗물이 스며들었고

나로 하여 찬탄하는 수많은 사람들도
가까이 다가와서 놀아주지 않았느니
거기엔 넘을 수 없는 철책이 놓여졌고

어디서 오는 걸까, 자꾸만 쌓이는 먼지
매일 같이 씻어내도 몸은 더 더러웠으니
하늘이 뵈지 않는 까닭을 그제서 알 듯했다

거기에 그럴듯한 나무들만 모였는데
이상한 일이었다, 새들의 소식이 없는…
통신이 발달한 요즈음, 전할 수 없는 우리의 얼굴

내 비록 금싸라기 땅에 묻혀 있을지라도
버려진 비산비야(非山非野), 넉넉함이 부러웠다
사들인 돌틈 사이에 또 나무를 끼우는데

돌과 모래까지도 매매하는 신경제론(新經濟論)
혹여 사람일랑 거래하는 일 없으렸다
하늘도 사들일 사람들, 정말 큰 일 내겠다.

–졸시 「팔려온 나무」 전문

바다 송정포

늦은 밤에 전화가 걸려왔다. 정인해 시인이었다. 소식을 모르던 차에 전화를 받은 것이었다. 작년 12월에 교통사고로 안산의 세화병원에 몇 개월째 입원을 하고 있다는 것이었다. 두 다리가 골절상을 입어서 고생을 한다고 하였다. 느닷없이 입원해 있는 병원의 간호사에게 나의 시집을 보내달라는 것이었다. 덧 붙여서 『백마에서 온 편 편지』 시집에 수신자의 이름을 적고 저자의 낙관까지 찍어서 보내달라는 부탁이었다.

정 시인과는 좀 특별한 인연이 있다. 80년대 후반에 부산에 간 적이 있었는데, 그 당시 정 시인이 송정리에서 여관을 하고 있었다. 부산의 많은 시인들과 송정리에서 즐거운 밤을 보낸 적이 있었다. 송정리의 아름다운 초겨울 바다와 좋은 시인들과의 만남으로 인하여 상경하여 「바다 송정포」라는 시조를 쓰게 되었다. 여러 문학행사에서 이 작품을 소개하였고 또한 장시조로서도 유명하다.

그로부터 벌써 17년이 흐른 지금 정 시인은 부산이 아닌 안산시에서 홀로 병상에서 쓸쓸하게 지내고 있다. 보지 않아도 알 수 있다. 이 모든 시련을 통하여 좋은 시를 잉태할 것으로 믿는다. 진주조개가 아픔의 고통을 이기고 눈부신 진주를 만들 듯이…….

「바다 송정포」 이후에 같은 계열의 작품으로 쓴 것이 「백마에서 온 편지」 라는 작품이다. 제목을 붙이고 보니 괜찮게 보여지는 작품이었다. 두 작품 모두 독자에게 꿈을 심어주는 작품으로 생각된다. 또한 과거를 회상하는 계기도 마련해 주는 듯싶다.

일산의 백마에는 꽃들이 풍성하다. 4월과 5월에는 수많은 꽃이 피고 진다. 특히 5월에는 각종 꽃이 만발하는 계절이다. 꽃을 보는 요즈음은 너무 감격스럽다. 가슴이 벅차다. 하지만 꽃이 지는 것을 보면 너무도 안타깝다. 올해는 공작선인장이 많은 꽃봉오리를 달고 있다. 열 송이는 넘지 싶다. 그 얇은 줄기에서 뽑아 올리는 굵은 꽃대궁은 믿기지 않을 만큼 신비롭다. 약한 대에서 강한 힘으로 쏟아내고 있다. 꽃 중의 꽃이요 화려함 중의 왕비라고 할 수 있는 꽃이 공작선인장의 꽃이다. 그 화려한 꽃이 48시간 정도면 지고 만다. 올해에 피는 공작선인장의 아름다운 꽃처럼 모든 일이 활짝 필 것 같은 예감이다.

어쩌면 송정리의 아름다운 바다를 그리워할지도 모르는 정인해 시인의 가슴에도 찬란한 공작선인장 꽃이 피기를 바라는 마음이다.

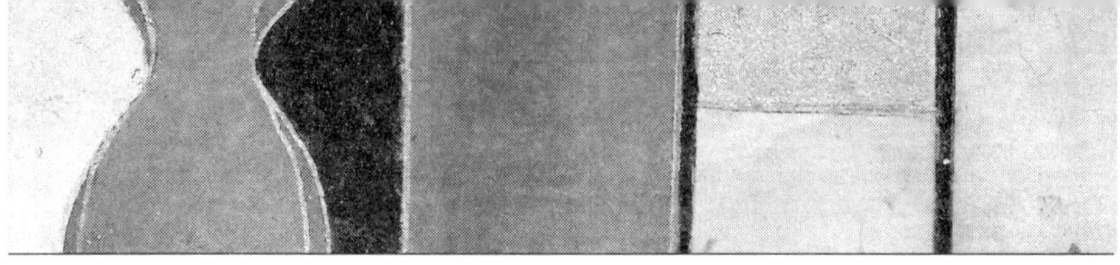

신선처럼 사는 사람

처음 J씨와 L씨를 만난 곳은 일산의 호수공원의 벤치에서였다.

초여름 신선한 아침의 공기가 푸른 나뭇잎을 흔드는 일산의 자전거길은 상쾌하기만 하다. 참새와 까치가 그 사이를 오가는 일산의 아침은 그렇게 시작된다.

나무 벤치에 앉아서 자판기에서 뽑은 커피 한 잔을 들면서 앞에 펼쳐진 호수와 나무들을 바라보는 것만으로도 어느 커피숍의 분위기 보다 훌륭하다. 커피값도 싸고 분위기도 좋으니 얼마나 좋은가?

처음 J씨와 L씨를 만난 곳은 그 벤치에서였다. 漢詩를 노트에 적으면서 풀이를 하며 이야기를 주고받는 것이었다. 글씨체가 범상치 아니하였고, 글의 내용 또한 격조 높은 唐 宋의 시인들의 작품이어서 놀랍기만 하였다. 杜甫, 白樂天. 李白, 蘇東坡의 시를 논하는 것이 보통의 풍류객이 아니었다. 그 중의 한 구절이 다음과 같았는데, 쉬운 언어로 깊이 있는 내용을 표현한 당대 제일의 시인들의 경지를 알려주었다.

> 조명신엽수 鳥鳴新葉樹
> 새는 새로운 잎이 나는 나무에서 운다

마침 여름의 나뭇잎이 한창 우거지는 가운데 새들이 노는 이 곳 호수공원에 잘 어울리는 구절이었다.

새가 왜 새로 잎이 돋아나는 나무에서 울어야 하는가? 새 잎이 돋아난다는 것은 옛날 잎은 뒤로 밀린다는 뜻이고 生死를 의미한다고도 볼 수 있다. 그 새잎을 보고 새는 운다는 것이다. 그 새는 바로 사람인 자신을 뜻하는 것이 아닐 런지.

조음망기기 朝吟忘其飢
아침에 노래를 하니 배고픔을 잊어버리고
모음산불평 暮吟散不平
저녁에 노래를 하니 모든 불평을 잊어버린다

위의 글은 작자의 인생관을 잘 나타내고 있는 글이다. 정신적인 높은 경지에 삶의 목표를 두고 살아가는 선비의 모습을 알 수 있다.

매일 아침에 J씨는 걸어서 호수 공원을 한 바퀴를 돌아서 벤치로 돌아오고 L씨는 자전거로 7시경에 나와서 시 한 수씩을 감상하는 것이 하루 일과의 시작이다. 그러기를 3년여를 보냈다고 한다. 1000 수 이상의 시를 읽고 감상하였다고 한다. 참으로 멋있는 노년의 삶이라고 생각하며 부러워하게 되었다.

필자도 그 후 아침마다 그 분들 옆에서 시에 대하여 듣고, 말 동무를 할겸 아침마다 그 자리에 나가는 것이 하루의 시작으로 정착이 되어가고 있다. 이 얼마나 풍요로운 삶인가? 이곳이 무릉도원이 아니고 무엇인가?

자랑스러운 안법인 상을 받고

존경하는 스승님, 선배님, 자랑스러운 후배 여러분들을 뵙게 되어 기쁘고 감격스러운 마음입니다. 자격이 모자라는 저에게 이렇게 큰 영광을 안겨주시니 몸 둘 바를 모르겠습니다. 훌륭하게 동창회를 이끌어 나가는 후배들이 자랑스럽고, 한국의 명문고로 발전한 모교가 자랑스럽기만 합니다. 그간에 많은 선생님들, 선배님들, 후배님들의 희생적 노고의 결실이라고 믿으며 이에 감사드립니다.

이 자리에 서고 보니 지난 학창 시절이 더욱 새롭게 떠오릅니다.

제가 문학과 인연을 맺게 된 것은 이미 고인이 되신 이우종 선생님을 만났기 때문이었습니다. 안법이 전국적으로 이름을 날리기 시작한 것은 1958, 1959년도 전국의 각종 문학행사에서 큰 상을 수상했던 때였습니다. 이미 고인이 되신 중학교 1학년 때의 담임을 하셨던 이춘택 선생님도 생각이 납니다.

1949년 어느 날 할아버지에 이끌려 백성국민학교에 입학한 제가 지금 그 할아버지의 나이가 되었습니다.

한 바탕 꿈같은 세월이었습니다.

미각지당춘초몽 未覺池塘春草夢, 계전오엽이추성 階前梧葉已秋聲

"연못의 봄풀은 아직 봄꿈을 깨지 않았는데, 계단 앞의 오동나무는 이미 가을 소리를 내고 있다"는 싯귀가 생각납니다.

돌이켜 보면 저는 지난 세월동안 두 가지의 일을 했습니다. 60년대 중반에서 80년대 중반까지의 약 20년간은 섬유류 수출에 종사하여 미력하나마 한국경제 발전에 이바지했습니다. 그리고 80년부터는 문단활동을 시작하여 지금에 이르렀습니다.

외람된 말씀이오나 최근 중학교 국어교과서에 저의 글이 실린 것은 사실 기적에 가까운 일이었습니다. 안법 동문으로서는 처음으로 실린 것으로 알고 있습니다. 이 기쁨을 우리 동문들과 함께 하고저 합니다.

저의 문학의 성과가 미미하다고 할 수 있지만 우리 동문들이 더욱 아껴주시고 좋게 평가하여 주신다면 명문 안법의 역사에 그 빛을 더할 것이고 이는 안법의 모든 동문들에게 그 영광이 되어 돌아갈 것입니다.

사람은 본래 소유에 대한 강렬한 욕망이 있습니다. 인생에서 최종적으로 가지고 가는 것이 무엇인가를 생각해 보았습니다. 이 세상의 모든 것을 다 두고 가지마는 자기 이름만은 자기의 영원한 소유입니다. 좋은 이름이든 나쁜 이름이든 자기 이름은 결코 폐기하거나 없앨 수가 없습니다. 인생의 성공은 아름다운 이름을 갖는 것이라고 생각합니다. 이 세상에서 가장 아름다운 이름을 가졌던 분은 예수님이셨습니다. 그 분은 아직도 살아계셔서 2천년을 살아오고 있습니다.

모교에 드리는 부탁의 말씀입니다. 인생의 성공이 무엇인지를 학생들에게 가르쳐주시기 바랍니다. 명문대학에도 많은 학생이 진학을 해야 할 것입니다. 적어두 부의 축적이 인생의 성공이 아니라는 것을 학생들에게 가르쳐 주시기 바랍니다. 돈만 버는 의사가 아니라 환자를 내몸과 같이 진실로 사랑하며 의술을 베푸는 의사가 되기를 권고하시고, 돈도 벌고 명예도 얻는 법조인이 되어서는 아니 되며, 국민을 괴롭히는 관료가 되어서는 아니 된다고 가르쳐주시기 바랍니다.

이 좋은 자리에 이런 말씀을 드려서 송구합니다만 이 나라가 너무 부도덕하고 부패되어 있습니다. 안법고등학교가 이 사회를 정화시키고 변화시키는 걸출한 인물들을 배출하고 어두운 한국교육의 빛이 되기를 바랍니다.

지금까지 저를 기억해주시고 사랑과 후원을 아끼지 않으신 스승님, 선배님, 후배님들에게 진심으로 감사의 말씀을 드리며 안법의 무궁한 발전을 기원합니다.

서운산(瑞雲山) 정상에 서다

10월 27일 오늘은 안법고등학교 총동문회가 주최하는 등반행사가 있는 날이다. 밝은 해가 얼굴을 깨끗이 씻고 동녘 하늘에 나타날 즈음에 서둘러 집을 나섰다. 고양 일산의 들녘은 아침의 맑은 햇살로 채워지고 기차는 거침없이 직선으로 내달려 집결지인 서울역에 당도했다. 오랜만에 만나는 후배들도 이제는 세월이 많이 흘러 노년에 접어들었지만 마음은 소년처럼 옛날 같아 보였다. 동문회 일을 열심히 보는 후배들이 든든해 보였고 모든 준비가 잘 되어 있었다.

산행이 시작되는 안성시 서운면 청용리에 각처에서 도착한 동문들이 반가운 인사를 나누는 모습이 매우 정겨워 보였다. 1회 졸업생이신 김정남 선배님을 비롯하여 정석훈 선배님들은 70 중반의 노년기에 접어들었으니 세월은 참 빠르게도 흘러갔다. 9회 졸업생인 필자가 70을 향하여 질주하고 있고 안법은 올해로 벌써 55회 졸업생을 배출한 경기도의 명문 고등학교로 크게 성장 발전하였으니 이 또한 기적적인 일로 치부할 만하다.

안성은 그 글자의 뜻과 같이 편안한 고장이라는 뜻이다. 언제부터 안성이라고 일컬어졌는지는 모르지만 조선시대의 큰 시장이 섰던 고장으로 경기 충청 지방의 물산의 집산지로서 유명한 고장이다.

청용사는 고려시대에 창건된 고찰로서 필자가 1964년 여름에 한 달간 머무르며 밤에 불을 밝히며 공부했던 곳이기도 한데, 그로부터 43년이 지난 후에 다시 찾아보게 되니 감회가 더욱 새롭기만 하다. 서운산도 그대로요 청용사도 그대로인데 사람은 많이 변해갔다.

12시가 거의 다 되어 갈 즈음에 드디어 산행이 시작되어 서운산을 오르는 동문들의 발걸음은 결코 빠르지도 느리지도 않았지만 쉼 없이 가파른 길을 오르고 있었다. 선배님들과 필자는 중도에서 하산하여 버스 편으로 식사 준비가 되어있는 석남사로 향하였는데 천천히 운행하는 차 안에서 노래반주기에 맞추어 흘러간 노래를 부르면서 옛날을 회상하는 선배님들은 아직도 마음은 청춘이었다. 엽전고개에서 내려다본 시골 가을 풍경은 화선지에 물감으로 그린 한 폭의 그림이었다. 맑은 햇볕이 내려 고이는 마을에는 잘 익은 감들이 나무 끝에서 하늘을 바라보고 있었다. 버스는 아주 천천히 굽은 길을 오르기도 하고 내려가기도 하면서 한가하게 가을을 산책하였다.

하산한 동문들이 술잔을 나누며 정담을 나누는 시간은 너무 빨리 흘러갔다. 옛날을 회상하며 그 시절로 돌아가 정을 나누는 모습은 아름답기만 하였다. 많은 후배들이 필자를 반갑게 맞이해 주어서 매우 기뻤다. 이번 행사는 어느 행사보다 여러 면에서 성공적이었다고 생각한다. 사전에 많은 준비와 계획들이 좋은 행사가 될 수 있게 하였다고 본다.

이번 행사에 참석하게 해준 후배들에게 감사하고 이런 좋은 후배들이 있어서 안법은 쉬지 않고 성장발전하리라고 믿는다. 오래전에 창작한 안성예찬을 이번 기회에 후배들에게 전하면서 안법 동문들의 가정에 만복이 가득하기를 기원한다.

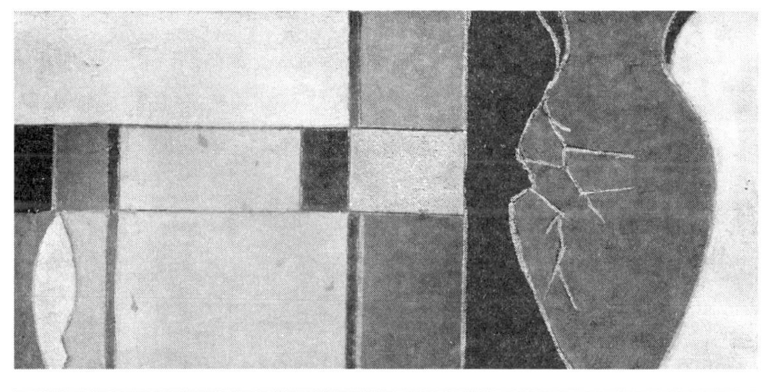

2부
씨암탉을 잡아먹다

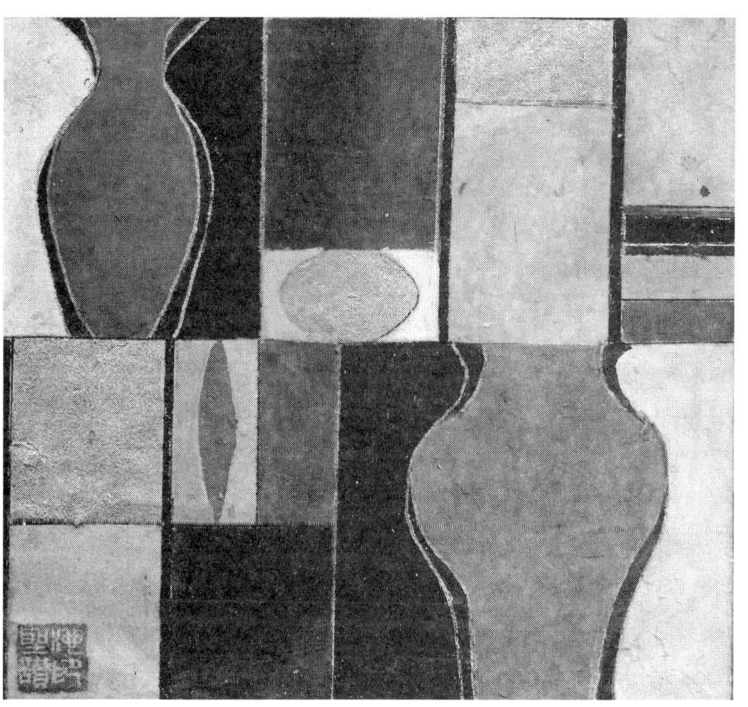

포장과 내용물

선물을 받을 때 포장이 잘 되어있고 포장지가 아름다우면 더욱 그 선물의 내용에 더욱 호기심을 갖게 된다. 하지만 내용물이 마음에 들지 않게 되면 잘 포장된 것만큼 그 실망감도 크다. 슈퍼에서 과자를 사보면 내용물은 별 것이 없는데 포장은 너무 크고 화려하고 과장되게 한 것을 보게 된다. 과자를 만드는 비용 보다 포장에 더 많은 비용이 들어가지 않았을까 하는 생각이 된다.

포장의 기능을 초과하면 소비자를 현혹시키는 결과를 낳게 되고 소비자에게 결과적으로 좋은 물건을 공급하는 것이 아닐 뿐 아니라, 내용물을 파는 것이 아니라 포장을 파는 것이 된다. 이것은 결코 소비자에 대한 배려가 절대로 아니다. 한국의 주택은 대문이 매우 크고 주택의 내부 보다 외장이 화려한데 비해, 외국의 집은 거의 대문이 없는 경우가 많고 외부에는 별로 장식을 하지 않고, 내부는 매우 화려하고 아름답다.

사람의 경우에도 몸에 많은 치장을 하는 경우를 보게 된다. 각종 보석에다 화려한 의복으로 감고 많은 감투를 쓰고 위세를 떨치는 것이 바로 자신의 진면목이라고 착각하는 것을 흔히 보게 된다. 그런 경우에 그에게서 그 모든 것을 제거했을 때의 모습이 그의 참 모습이 될 것이다. 권좌에 앉았을 때에는 문전성시를 이루다가 권좌에서 물러나면 개미 새끼 한 마리 얼씬하지 않으니 그 적막감과 고독감을 이기기가 쉽지 않은 것이다. 그래서 권력에 맛을 들인 사람들은 끝까지 이를 추구하느라 패가망신하는 것이 보통이다.

물건의 포장지와 같은 역할을 담당하는 것이 그러한 치장과 액세서리일 것이다. 우리는 그런 착각 속에 살고 있다. 내용물 보다는 포장에 더 관심을 갖고 또 거기에 열심을 내며 많은 투자를 하고 있다. 인생의 삶에서 내면의 세계를 다스리는 것이 삶의 요체인 것을 우리는 잊고 있다. 살아서 아무리 몸에 치장을 한들 그 육체의 결국은 흙 속에 묻혀 썩어 없어질 것인데 그 육체를 위하여 아무리 치장을 한들 무슨 소용이 있을까?

제과 업체들이여? 포장비를 아껴서 더 좋은 품질의 맛있는 과자를 소비자에게 공급하는 것이 좋지 않을까요? 진정한 사치는 자신이 가진 보물을 팔아서 이웃을 돌보는 것이 가장 사치스럽고 아름다운 삶이다.

인생의 성공

한 아기가 이 세상에 태어날 때, 손에는 아무 것도 가진 것이 없고, 이름도 없고, 아버지 어머니도 모르고, 이 세상도 모르는 상태입니다. 이 세상에서 가장 먼저 만나는 사람이 보통 어머니입니다. 그 후에 아버지, 언니, 오빠, 할아버지, 할머니 등 가까운 일가친척을 알게 되고 이웃에 자기 또래의 동무들을 알게 됩니다. 그 과정에서 말을 배우게 되고 생각을 하며, 기쁨과 슬픔을 알아가게 됩니다. 또한 본능적으로 생존에 대한 것을 배우고 사회에 적응하여 살아갑니다.

아주 오래 전에 이 우주가 만들어 졌고, 이 세상도 아주 오래 전에 만들어 졌습니다. 스스로 있은 것이 아니요, 저절로 된 것이 아니지요. 이 모든 것을 만든 창조자가 있는 것입니다. 사람들은 아무 것도 없는 가운데서는 어느 것도 만들 수가 없습니다. 더구나 생명이 있는 작은 벌레나 풀들도 사람들은 만들 수가 없습니다.

이 세상에 존재하는 모든 것은 존재의 가치를 가지고 있습니다. 즉 쓸모가 있다는 말입니다. 물, 공기, 산, 나무, 새, 물고기, 풀, 각종 동물들은 필요에 의하여 만들어 진 피조물입니다. 그렇다면 사람은 어떤 필요에 의하여 또 누가 만들었을까요?

매우 어려운 질문입니다. 다른 것은 접어두고 단지 직접적으로 "나"

를 있게 해주신 분은 아버지와 어머니입니다. 그러므로 우리는 부모님에게 감사하고, 감사한 마음으로 그 분들의 뜻에 따라 훌륭하게 살아야 합니다. 우리는 이것을 보통 성공이라고 합니다.

잘 사는 것이 성공이라고 한다면, 우리는 어디에서 살고 있습니까?

우리는 다른 사람들과 함께, 사람과 사람 사이에서 살아갑니다. 이것을 우리는 사회생활이라고 합니다. 우리가 다니는 학교는 사회생활을 잘 하기 위한 연습을 하고 이에 필요한 지식을 얻기 위하여 만들어졌습니다. 학교는 사회생활을 잘 하기 위한 훈련장이라고 할 수 있습니다. 우리가 학교에서 얻는 지식과 지혜는 사회생활을 잘 하기 위하여 필요한 도구입니다. 사회생활을 잘 한다는 것은 나 이외의 다른 사람들과 원만한 관계를 가지며 살아가는 것을 말합니다. 다른 사람들과의 관계가 원만하지 않을 때에 우리는 슬퍼하고 좌절합니다.

반면에 다른 사람과의 관계가 원만하고 좋을 때에 우리는 기쁨을 누립니다. 내가 칭찬 받을 때에 기뻐하고, 나를 욕할 때에 분함을 갖게 되고 슬퍼합니다. 따라서 행복이란 다른 사람과의 관계가 좋을 때에 얻어지는 것입니다. 우리가 사회생활을 할 때에, 돈도 벌고 명예도 얻고 권력의 높은 자리에 앉기도 합니다.

그러한 것들이 우리에게 행복을 주지 않습니다. 돈이 바로 행복입니까? 돈이 기쁨입니까? 돈은 물건을 구입하는 수단일 뿐입니다. 따라서 돈이나 명예나 권력은 기쁨과 행복을 만들어내는 데에 쓰여져야 합니다. 그런데 우리는 그것이 바로 나의 영원한 소유라고 착각을 합니다. 나 혼자 존재할 때에 그 것은 아무 의미가 없음을 알아야 합니다.

사람이 살지 않는 무인도(無人島)에 오직 한 사람이 살고 있는데, 그는 금은보석이 장식된 좋은 집에서, 아름다운 옷을 입고, 맛있는 음식으로 배불리 먹고, 살아간다면 그 곳이 낙원일까요? 이 시대 사람들이 추구하는 가장 귀한 재물을 그 사람이 소유하고 있으니 그 사람은 당연히 행복하고, 또 성공한 사람이 아닐까요? 여러분을 이런 곳에 보내드릴까요? 사람들과 완전히 단절되어있는 그곳으로 가시겠습니까?

행복은 사람과 사람 사이에서 존재합니다. 사람과 사람이 서로 사랑하는 것이 행복입니다. 행복은 무엇을 많이 소유하거나, 높은 지위에 올라 출세하는 것이 아닙니다.

그래서 사랑은 매우 중요한 것이며 사람이 추구하는 목표입니다.

손에 피를 묻히고 아무 것도 쥔 것이 태어난 아기가 이 세상에서 살다가 수명이 다하여 죽습니다. 죽을 때에 이 세상에서 소유했던 부동산, 예금통장, 좋은 집, 회사등 모든 것을 그대로 두고 갑니다. 그런 것들을 하늘나라로 운반했다는 얘기를 들은 적도 없고, 본 적도 없습니다. 다시 말하면 이 세상에서 잠시 가지고 있었던 모든 것을 그 자리에 그대로 두고, 아무것도 가진 것 없이, 올 때와 같이 사람들은 잠시 외출 나왔던 이 세상에서 떠나갑니다. 예로부터 이르기를 공수래공수거(空手來空手去)라고 하지 않았던가. 많은 재산을 모았던 이병철, 정주영 회장도 동전 한 닢 가져가지 못했습니다.

그러나 잘 생각해 보면 우리는 이 세상에서 가져가는 것이 하나 있습니다. 자기 이름을 가지고 갑니다. 좋은 이름일 수 도 있고 나쁜 이름일 수도 있습니다. 이름이 나쁘다고 버릴 수도 없습니다. 좋은 이름이 무엇입니까? 남을 위하여 희생하며 살았던 사람의 이름이 아름다운 좋은 이름입니다. 어려운 이웃을 위하여 봉사하고, 먹을 것, 입을 것, 살 곳을 마련해 주며, 같이 아파하고 울어주는 사람의 이름이 아름답습니다. 아름다운 이름은 죽지 않고 오랫동안 이 세상에 살아있습니다. 영원토록 그 이름이 살아갑니다. 육신은 죽었으되 그 이름은 죽지 않고 이 세상에 살아 있습니다.

우리는 아름다운 이름을 사기 위하여 우리의 모든 것을 바쳐야 합니다. 이것이 인생의 성공입니다. 인생의 성공은 많은 부를 축적하고 높은 지위에 올라가는 것이 아니라 아름다운 자기 이름을 쓰는 것입니다.

여러분은 어떤 이름을 묘비(墓碑)에 쓰시겠습니까? "이 세상에서 아름답게 살다간 천사가 하늘로 올라갔다"를 쓰시겠습니까? 아니면 "많은 사람에게 상처와 불행만을 안겨주었던 욕심 많은 늙은이가 묻혔다"로 쓰시겠습니까?

강아지와 자식에 대하여

자식을 키워본 사람이면 알 것이다. 자식이 어버이의 마음을 어찌 다 헤아릴 수 있을까? 예로부터 무자식 상팔자란 말도 심심찮게 회자되곤 하였다. 요즈음의 사회는 무질서가 질서처럼 보이고 위와 아래가 뒤바뀌어 혼란스러운 것이 한두 가지가 아니니다. 자식이 부모를 죽이는 일은 다반사고, 아내가 남편을, 남편이 아내를, 직계존속 간에 이루어지는 패륜적 사건에 놀라움을 금할 수 없다. 하지만 요즈음 대다수 사람들은 그런 사건들에 대하여 무감각증에 걸려있다.

하나님께서 자기 백성들을 축복하실 때에는 가족을 통하여 복을 주셨다. 가족을 통하지 않고는 복을 주시지 않았다. 그러므로 가족은 복을 받는 최소의 단위체이다. 그런데 이런 가족이 붕괴되는 현상은 하나님의 뜻에 반하는 일이 분명하다. 이스라엘 민족의 축복은 야곱의 열두 형제로부터 시작되어 세계각처에서 정치 경제 사회 문화 등 모든 분야에서 활동하며 세계를 지배하고 있다.

나라가 쇠퇴하는 것은 인구가 줄어드는 것이다. 야곱의 열두 형제가 지금은 수천만을 헤아리는 민족으로 번영하였다. 인구가 줄어드는 것은 그 민족의 쇠퇴를 의미한다. 작금의 인구 감소는 여러 요인으로부터 연유하는 듯하다. 최근의 경향을 보면 자식보다는 애완견에 마음을 붙이고 사는 사람들을 흔히 볼 수 있다. 애완견은 주인에게 많은 재롱을 부리며 사랑을 받는다. 기르는 주인은 개가 너무 사랑스러워 자식 이상으로 대우하고 돌보아준다. 자식에게 정을 붙이기보다는 개에게 정을 붙이며 살아가는 사람들을 많이 볼 수 있다.

해질녘에 어느 노인이 개를 안고 오는 것을 보면서 여러 가지 생각들이 스쳐지나갔다. 노년에 허전한 마음을 채워 줄 수 없는 여백을 자식 대신에 개가 들어앉아 있는 것이다. 부모와 자식 간의 끈끈한 정으로 묶여지고 그 정을 먹고 사는 건강한 가족들이 많아야 이 민족이 부흥 발전할 것이다.

물에 대하여

물이 같은 분자이기는 하나 물의 원천에 따라서 물의 맛이 다르기 마련이다. 하늘에서 내린 비를 받아 놓은 그대로의 물, 실개천에 흘러가는 물, 도도히 흘러가는 강의 물, 깊은 산 속의 옹달샘의 물, 논밭의 물, 구덩이에 갇혀있는 물, 호수에 있는 물, 깊이 파 놓은 우물의 물, 무거운 암반 사이로 흘러나오는 물. 그 원천을 헤아릴 수 없을 만큼 많은 종류의 물이 있다.

지표 위에 편안하게 흘러가는 물이 가장 싱겁고 맛이 없고 돌과 풀에 부대끼며 흘러가는 계곡의 물이 보다 맛이 좋다. 하지만 그 보다 더 좋은 물은 큰 바위 사이로 조금씩 흘러나오는 물이 가장 신선한 맛을 갖고 있다. 그런 물이면 흔히 많은 광물질을 함유하여 우리의 건강에 많은 도움을 준다.

단단하고 좋은 쇠를 얻으려면 수차례에 걸쳐서 열을 가하고 두드려서 이 물질을 제거해야한다. 하나의 쇠 명품을 얻으려면 그런 과정을 반드시 거쳐야 한다. 물도 평탄한 지표만을 떠돌면 물 본래의 좋은 맛을 가질 수 없다. 무거운 바위를 뚫고 나온 물이어야 물의 참 맛을 가질 수 있다. 열악한 사막에서도 선인장은 세상에서 가장 아름다운 꽃을 피운다.

세상의 모든 이치가 이와 같으니 인생에서의 고난은 불행이 아니라 축복이라는 사실이다. 고난은 하나의 명품 인생을 만드는 필수 과정이다.

밀톤은 실명하여 실낙원의 명작을 썼으며 요셉은 애굽에 노예로 팔려가서 끝내는 지하 감옥에서 오랜 시련을 극복하고 일국의 재상이 되었으며 예수는 십자가에서 치욕의 형벌을 받았지만 하나님은 가장 큰 권세와 아름다운 이름을 그에게 주셨다.

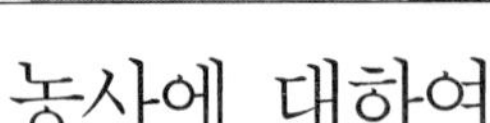

농사에 대하여

농사를 지어본 사람이면 그 보람과 함께 어려움도 알 것이다. 몇 년 전 일산에 와서 빈터에 몇 가지 채소를 심어본 것이 농사에 대한 경험의 전부이다. 손바닥만한 땅을 일구고 씨를 뿌리는 일도 그리 쉬운 일이 아니었고 또 작물이 잘 자라지도 않았다.

농사에 대한 지식이 전무하다보니 무슨 거름을 어떻게 주어야 하는지도 모르고 작물을 어떤 간격으로 심어야 하는지를 몰랐다. 남의 작물은 모두 잘 자라는데 나의 작물은 언제나 몰골이 빈약하고 성장이 매우 늦어 먹을 수 없는 작물이 되곤 하였다. 씨를 뿌릴 줄만 알았지 가꾸는 법을 몰랐던 것이다.

씨를 뿌리기 전에 밭에 작물이 필요로 하는 거름을 충분히 해야 하는 것을 몰랐기 때문이다. 또한 작물의 간격을 지켜주는 것도 매우 중요한 조건이었다. 모든 조건이 잘 갖추어졌다 하더라도 적절한 비가 내려주지 아니하면 농사는 망치게 마련이다.

하늘의 도움이 절대적이라 할 수 있다. 작물 하나하나마다 정성스런 손길이 닿지 아니하면 절대로 작물은 자라지 아니한다.

문득 할아버지와 아버지의 생각이 떠올랐다. 어려웠던 시절에 태어나 일본의 압제와 전쟁의 역경을 헤쳐 왔던 우리 선대의 생각을 하지 않을 수 없었다. 씨도 좋아야 하고 환경도 좋아야 하는 것이 작물이 자라는 것과 너무 흡사한 상황이었다. 지금도 좋은 부모를 만나고 좋은 스승을 만나는 것이 가장 큰 축복이다. 환경이 작물을 기르듯이 환경이 사람을 만드는 것은 진리이다. 맹자의 어머니는 맹자의 교육환경을 개선하기 위하여 3번 이사를 하였고 한석봉의 어머니는 아들을 위하여 모든 것을 희생하며 뒷바라지를 하였다.

모든 여건이 잘 맞아서 어렵사리 얻은 작물을 금전으로 환산해보면 실로 실망할 정도의 금액밖에 되지 않는다. 그러고 보니 여간 능숙한 농사꾼이 아니면 수지를 맞출 수 없는 것은 뻔하다. 농사일을 하는 노동력을 그대로 다른 곳에 파는 것이 오히려 수입이 좋은 것을 알 수 있었다. 하루 5만원의 작물을 수확하는 것이 거의 불가능하게 생각된다. 파 한 단에 500원정도 할 것인데 5만원을 만들려면 100단의 파를 수확해야 하고 콩으로 환산하여 족히 15kg의 콩을 수확해야 하는데 그것은 현실적으로 불가능하게 느껴진다.

농촌에는 대부분 60세 이상의 노인들이 그 나마 땅을 지키고 있는데 앞으로 20여 년 후에는 농촌은 폐가로 넘칠 것이 분명하다. 아무리 땅을 지키고 농촌을 지켜야 한다지만 소득이 없는 것을 어떻게 지켜나갈 수 있을까? 우리 선조들의 살과 뼈가 묻힌 고향을 지켜나갈 수가 없는 것이 오늘의 현실이다. 우리의 아름다운 강토와 고향을 지킬 수 있는 좋은 방책이 있다면 얼마나 좋을 것인가.

지혜에 대하여

사회의 혼탁한 흐름을 보면서 사회인으로서 갖추어야 할 가장 큰 덕목을 생각하게 된다. 사회생활에서의 성공을 위하여 사회인으로서 갖추어야 할 것이 많이 있지만 그 중에서도 가장 중요한 것 중의 하나가 지혜라고 생각한다. 학교 교육에서는 여러 가지 많은 지식과 정보를 제공하는 일에만 열중하지 않는가 하는 생각을 한다. 사람이 가지고 있는 지식도 잘못 사용하면 나쁜 용도로 쓰여지는 경우가 허다하다. 사기 횡령등의 일들이 지식의 오용으로 인하여 일어나는 현상중의 하나라고 할 수 있다. 상대방을 교묘한 방법으로 속이고 부당이득을 챙기는 수법은 지식의 오용으로 인하여 일어나는 대표적인 사례이다.

그렇다면 차라리 아무 지식이 없는 편이 본인에게는 더 나을 수 있을 것이다. 사회생활에 필요한 지식과 정보를 제공함과 동시에 이를 잘 활용해야 하는 지혜에 관한 교육이 반드시 동반되어야 할 것이다.

불은 인류가 발견한 가장 중요한 것인데 잘 사용하면 우리에게 많은 편익을 제공하지만 잘못 사용하면 모든 것을 일시에 파괴하는 무서운 존재가 된다.

칼은 또 어떠한가? 잘 사용하면 아름다운 조각품을 만드는 귀한 도구가 되기도 하고 좋은 음식을 만드는 귀한 도구가 된다. 하지만 칼은 잘못 사용하면 흉기가 되어 사람을 해하는 무서운 흉기로 변한다. 우리가 가지고 있는 귀한 지식과 정보를 잘 활용할 수 있는 지혜를 자라나는 2세들에게 가르쳐 주는 것이 교육의 제일 목표가 아닐까.

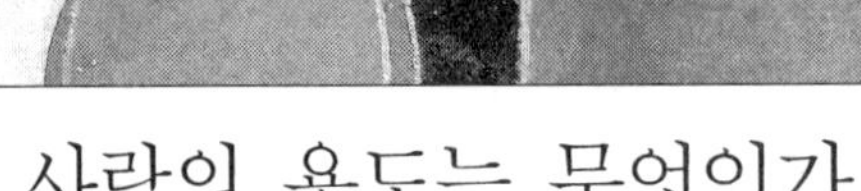

사람의 용도는 무엇인가

우리가 세상을 살아보고 철이 들었을 때는 이미 거의 인생을 마감할 시점인 경우가 대부분이다. 그렇다면 인생의 초기에 인생을 사는 방법을 안다면 인생을 보람 있게 살 수 있을 것이 아닌가?

이 세상의 존재하는 모든 물상들은 나름대로의 존재가치가 있고 그 용도가 있는 것이 보통이다. 그렇다면 사람의 용도는 무엇이며 그 존재가치는 무엇일까? 이로부터 우리는 우리의 삶의 방식과 목표가 정해질 수 있다고 생각한다.

그 긴 세월을 모두 허비하고 나서 인생을 마감하는 시점에서 인생의 존재가치를 알고 살아가는 방법을 알게 된다면 이보다 더 큰 낭비는 없을 것이고, 이보다 더 황당한 일은 없을 것이다. 그럼에도 불구하고 우리는 이 사실에 대하여 간과하여 지나쳐 버리는 것이 현실이다. 한번뿐인 귀중한 인생을 낭비하지 않는 방법을 우리의 교육현장에서는 가르쳐주지 않는다. 우리 교육현장의 최대목표와 과제는 <취직시험공부>라 하여도 틀린 말은 아닐 것이다. 단지 호구지책을 마련하는 방편에만 한정되어 있다고 할 수 있다.

사람은 행복해지기 위해서 태어났고 그 행복을 위하여 산다. 행복은 보석 상자에 담겨진 보물이 아니요, 금전으로 살 수 있는 물건도 아니다.

행복은 두 가지를 통하여 얻어지는데 하나는 이웃과 함께 하며 이웃을 사랑함으로써 얻어지는 행복이요 또 다른 하나는 자기가 좋아하는 것을 할 때 얻어진다.

높은 지위에 있었기 때문에 행복했다는 얘기를 들어보지 못했고, 재물을 많이 가지고 있어서 행복했다는 얘기를 들어보지 못했다.

나의 시창작은 나의 행복을 위한 귀중한 작업이다. 끝까지 이 작업은 쉬지 않을 생각이다.

—<시조시학> 2010 봄호.

왜 시조인가

– 민족시는 우리민족의 꽃이다

2010년 새해에는 무슨 좋은 일이 일어날 것만 같은 예감이 들어, 다른 해와는 좀 다르게 느껴진다. 여기에다 <白虎>해인 것도 이에 한 몫을 한 것 같다. 최근에 선진국 프랑스를 따돌리고 대형원자력발전설비의 수주를 성사시킨데 이어 요르단의 원자력발전시설 수주, 그리고 터키의 원전도 수주할 것이라는 예상도 긍정적인 현실로 다가오고 있다. 금년에 한국의 국제적인 위상이 한층 올라갈 것이며 또한 한국이 모든 부문에서 눈부신 발전이 이루어질 것으로 기대된다.

국가발전에 있어서 가장 중요한 것은 문화적배경이 좋아야 하고, 그 문화적 발전이 이루어지지 아니하고는 한 국가의 발전은 이루어질 수 없다. 그중에서도 가장 중요한 것은 인문과학과 예술의 발전이라고 할 수 있다. 문학예술의 정수(精髓)인 시조야 말로 우리 민족의 정신과 문화를 이어가는 도구이며 자랑스러운 문화유산이다. 국제화시대에서 우리의 것은 매우 귀하고 중요하다. 우리의 것을 지키고 발전시키는 것이야 말로 한국의 경쟁력이며 국가발전의 원동력이라고 할 수 있다. 우리의 것이 없다면 우리민족도 없을 것이고 우리의 문화도 없을 것이며 나아가서 우리의 역사도 없을 것이고 급기야는 우리민족이 소멸되는 운명을 맞이할 수 있을지도 모른다. 외국의 문물을 숭상하는 문화사대

주의(文化事大主義)를 타파하고 우리의 것을 사랑하고 귀중하게 여기는 민족적 자존을 세워야한다. 우리가 우리의 언어로 시조를 창작하는 것은 민족문학의 꽃을 피우는 일이요, 우리를 지키고 표현하는 수단이다. 민족의 문화유산이 없는 그 민족은 참으로 비참한 민족이 될 수밖에 없을 것이다. 자랑스러운 우리민족의 문화유산인 <시조>를 계승 발전시키는 것이야말로 가장 중요한 우리의 사명이요 우리가 마땅히 해야 할 우리의 중요한 책무이다.

사람이 살아가는 법

이 세상에 존재하는 모든 개체는 저마다 이름을 갖고 있다. 저마다 개성이 있고 자기의 역할을 가지고 태어난다. 그 중에 인간은 모든 만물의 영장으로 하나님의 형상을 따라 창조되었다. 사람들은 함께 모여서 저마다 역할을 담당하며 서로 서로 도와가면서 살아간다. 농사를 짓는 사람, 물고기를 잡는 사람, 그릇을 굽는 사람, 나무를 기르는 사람, 목축을 하는 사람, 각종 생활용품을 만드는 사람, 병을 고쳐주는 사람들이 자기 일을 통하여 서로 서로 도와가면서 살게 되어있다.

혼자서 모든 것을 해결할 수 없는 것이 우리들의 삶이다. 삶의 본질은 무엇이며 사람이 사는 목적이 무엇인가에 대하여는 잊고 사는 것이 보통 사람들의 생활상이다. 그 가운데서 어떻게 사는 것이 값어치 있는 삶인가에 대한 해답이 이를 대신할 수 있을 것이다. 사람은 사람 가운데서 그 역할을 하게 되고 자기의 존재를 확인할 수 있다. 다시 말하면 사회집단을 떠나서는 자기의 존재를 확인할 수 없다는 말이고, 또한 그 역할을 할 수가 없다는 말이다.

자기가 거하는 사회가 건강하고 행복하다면 자기도 행복해 질 수 있고, 그 사회가 병들고 불행하다면 자기도 그 영향을 받지 않을 수 없기 때문이다. 그 이유는 사회는 서로에게 영향을 주고받으며 살 수밖에 없기 때문이다. 자기가 거하는 지역의 공기가 불결하면 거기에 거하는 모든 사람들이 그 불결한 공기로 호흡을 해야 하고, 불결한 음료수가 있다면 모두가 불결한 음료수를 사용할 수밖에 없을 것이다.

사람의 몸에서 하나의 장기가 병이 들면 그 병이 다른 장기로 이전되어 결국에는 목숨을 잃게 된다. 사회도 하나의 몸과 같아서 사회의 한 조직이 병이 들면 다른 조직으로 그 병이 전이 되게 마련이다. 따라서 한 사람, 한 사람의 역할이 그 만큼 중요하다 할 것이다. 행복한 사회가 이루어내는 결과는 삶에 대한 보람일 것이다. 그 보람은 기쁨인데 그 기쁨의 요체는 사랑이다., 사람은 사랑을 받을 때에 가장 행복하다. 그리고 사랑을 베푸는 자에게는 더 큰 기쁨을 향유하게 된다. 사랑을 받아서 슬프다는 얘기를 들어보지 못했고, 사랑을 받아서 불행했다는 얘기를 들은 적이 없다.

사랑은 삶의 본질이며 추구해야 할 목표이기도 하다. 다시 말하면 사람들은 사랑을 주고받으면서 살아가야 한다는 말이다. 사랑이 넘치는 사회가 이상적인 사회상이라고 하겠다. 이와 반대로 그 사회가 서로 미워하고 질투하는 사회라면 비극적인 사회일 것이다. 예를 들어, 나는 이 더러운 사회가 싫어서 무인도로 찾아가서 혼자 좋은 집을 짓고 좋은 옷을 입으며 좋은 음식을 먹으며 산다면 그 곳은 낙원이 아니라 지옥이 될 것이다. 가족을 사랑하고 친구를 사랑하고 선생님을 존경하고 어른을 공경하고 이웃을 사랑하며 살아가는 삶이 가장 훌륭한 삶이다.

오늘날 모든 부문에서의 목표가 경제성장에 초점이 맞추어져 있다. 돈으로 모든 것을 해결하고자 하는 것이 문제이다. 경제성장은 생산과 판매로 이루어지는 것이 아니라, 모든 문화적, 학문적 토양과 바탕 위에서 이루어지는 것이다. 선진기술, 최신 기계설비를 갖추어서 생산하고 판매하면 경제성장이 되는 것이 아니다.

이웃을 사랑하며 살아가는 삶이 훌륭한 삶이다. 그러한 삶을 살다간 사람은 가장 빛나는 아름다운 이름을 갖게 된다. 그 이름은 죽지 않고 영원히 살아있게 된다. 우리의 육신이 보통 7-80년을 살지만 아름다운 삶을 살다간 사람의 이름은 수천 년을 살아간다. 아름다운 이름을 만들며 사는 것이 사람이 살아가는 법이다.

깨끗한 그릇

일상생활에서 그릇은 긴요한 물건이면서도 그 쓰임새의 편리함을 느끼지 못한다.

재질과 모양, 색상과 무늬 등에 있어 그 종류를 헤아리기 어렵다.

값진 그릇에서부터 헐값의 플라스틱, 토기제의 그릇에 이르기까지 그 계급의 격차 또한 헤아릴 수가 없다.

값진 그릇은 과연 무엇일까?

쓸 수 있는 그릇은 무엇일까?

어느 때 어느 그릇을 쓸 것인가?

주인이 쓸 수 있는 그릇은 재질과 모양이 훌륭한 그릇이 아니라 깨끗한 그릇이다.

깨끗한 그릇에 깨끗한 음식을 담을 수 있다. 재질과 모양이 훌륭한 그릇일지라도 불결하면 사용할 수가 없기 때문이다.

재질과 모양을 자랑할 것이 아니라 깨끗하게 잘 준비된 그릇을 자랑해야 한다.

우리는 깨끗한 그릇보다는 값비싼 그릇에 눈실이 산나.

또한 그릇은 용도에 따라 그 크기가 적절해야 한다. 내용물보다 큰 그릇을 대하고 보면 민망스러울 때가 있다.

또한 작은 그릇에 넘치도록 많은 음식물을 담는 것을 보기도 한다. '적당'하다는 것이 얼마나 어려운 일인가.

그릇은 항상 깨끗하게 준비되어 있어야 쓸 수 있다. 요즈음 우리 주변을 보면 질박하지만 깨끗한 그릇도 많고, 좋은 그릇이지만 쓸 수 없는 오염된 그릇도 많이 볼 수 있다.

신문의 어지러운 사회면 정치면의 기사를 대할 때면 '깨끗한 그릇'이 절실하게 요구되는 때이다.

나라의 장래를 위하여 교육과 사회, 문화의 정책방향도 이 사회가 요구하는 쓸모 있는 그릇을 준비하는 데에 초점을 맞추어야 할 것이다.

오늘의 나의 그릇은 깨끗한 그릇인가.

-제7차 교육과정 <중학국어2> 1- 184쪽)

보이지 않는 것에 대하여

자연현상 중에서 눈에 보이지 아니하는 것은 빛, 공기, 냄새, 소리이며 동물들이 갖고 있는 감정이 보이지 않는 현상들일 것이다. 보이지 않기 때문에 보이는 것 보다 보이지 아니하는 것이 더욱 귀중함을 우리는 잊어버리기 쉽다. 그 중에서도 사람들에게서 볼 수 있는 현상으로 사람들이 갖고 있는 생각과 감정은 표현하기 전에는 그 내용을 본인 이외에는 아무도 알 수가 없다. 이러한 생각과 감정은 한 번 표현하면 지울 수가 없는 특징을 갖고 있다. 우리가 볼 수 있는 것은 고치거나 다른 것으로 교체하거나 폐기하면 증거가 없어지지만 눈에 보이지 아니하는 것은 결코 그 흔적을 지울 수 없다.

사랑과 미움이라는 감정도 결코 눈에 보이지 않지만 눈에 보이는 것 보다 더 무서운 능력을 갖고 있다. 사람의 마음을 움직이게 하는 것은 그런 눈에 보이지 아니하는 것에 의한다. 눈에 보이는 것은 모두 사람들에 의해서 훼손되고 매매되고 약탈하는 방향으로 가고 있다. 물과, 돌과 모래에 이르기까지 모든 자연물에 대하여 사람들은 소유권 분쟁에 휘말리고 있다. 빛과 공기도 눈에 보이는 것이라면 아마도 그 분쟁에 휘말리지도 모를 일이다. 빛과 공기가 그런 소유권 분쟁에 휘말린다면 이 지구상의 모든 생물들은 큰 재앙을 맞을 것이다.

조물주는 이미 그 사실을 알고 계셨으리라. 어느 힘센 사람이 태양은 자기의 소유라고 하여 세금을 부과하는 날이 있을지도 모른다. 따지고 보면 사람들이 소유권을 주장할만한 것은 이 세상에 아무 것도 없다. 사람들이 이 모든 자연을 만들고 관리해 온 것이 아니기 때문이다. 그럼에도 불구하고 우리는 어떤 것에 대하여 소유권을 주장하고 행사하려고 한다. 결코 이 세상에 있는 것은 사람들이 소유하려고 해도 소유되지 않는 것이다.

소유하고 있다고 생각하는 것은 착각일 뿐이다. 죽은 사람이 자기가 소유했던 땅과 집을 가지고 갔다는 말을 들어본 적이 없고 금은보화를 가지고 갔다는 얘기도 들어보지 못하였다. 그러나 우리가 이 세상에서 가지고 갈 수 있는 유일한 것이 있으니 그것은 자기의 이름이다. 자기가 산 인생에 대한 성적표가 이름이다 성적이 좋은 사람은 좋은 이름을, 성적이 나쁜 사람은 나쁜 이름을 갖게 된다. 또 그 이름은 지울 수가 없는 특징이 있다. 자기의 이름이 나쁘기 때문에 지우고 싶다 하여도 결코 어느 누구도 지울 수가 없고 폐기 처분할 수 도 없다.

좋은 이름은 아름다운 이름이니 죽어서도 오래 기억되는 이름을 말한다. 오래 기억되는 이름은 이웃을 사랑하며 살았던 사람의 이름이며 이름은 삶의 내용에 따라서 결정된다. 죽은 후의 사람을 분류하자면 네 가지로 분류할 수 있을 것이다. 첫째는 정말로 아까운 사람, 둘째는 그럭저럭 살았던 사람, 셋째는 정말로 죽기를 잘한 사람, 넷째는 태어나지 말았어야 할 사람으로 대별할 수 있을 것이다. 정말로 아까운 사람은 이웃을 사랑하며 봉사하며 희생으로 살았던 사람을 말함인데 이런 사람의 이름이 아름다운 이름이다.

나도 좋은 이름을 써가고 있지 못하여 가슴 아프지만 좀 더 잘 써 보려는 생각은 늘 갖고 있다. 눈에 보이는 것 보다 눈에 보이지 아니하는 것이 아름답고 귀한 것이다.

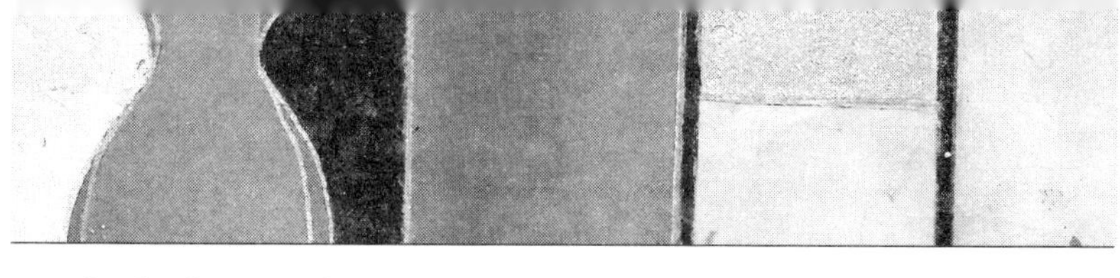

인생의 결산

기업의 계산은 대개 일 년 단위로 그 영업 상태를 계산한다. 결산 시점에서 자산과 부채는 얼마이며 그 기간 동안 손익 상태는 어떠한지 따져보는 것이 보통이다. 큰 회사는 그 규모가 클 것이고 작은 회사는 그 규모가 작을 것이다. 큰 회사는 순이익이 발생하면 그 금액이 매우 클 것이고 손실이 발생할 경우 그 손실금액도 매우 클 것이다. 하지만 작은 회사는 순이익의 규모도 작지만 손실이 발생했을 때에 그 규모가 그리 크지 않다.

장례식에 가보면 사람의 존재가치에 대하여 다시 생각을 하게 된다. 사람이 존재해야 할 가치에 대하여 생각해 보지 않을 수 없는 것이다. 나의 대차대조표와 손익계산서는 어떻게 작성되어질 것인가를 생각하게 된다. 내 인생에 있어서 자산은 무엇이며 부채는 무엇인가? 얼마만한 순이익을 냈는가에 대한 자문자답이다. 생각해 보면 자산은 없는 것 같고 부채만 많을 뿐이며 순이익은커녕 손실로 가득하다.

긴 세월을 살아왔지만 한 것이 없다는 말이다. 마치 농부가 가을에 들녘에서 추수할 것이 없는 자기의 밭을 바라보는 심정일 것이다. 그 것은 허망함일 것이다. 죄책감일 것이다. 그 무엇을 조금 안다는 것, 조금 더 소유하고 있다는 것, 그 것은 결코 자신의 자산이 아니다. 그 것은 자산을 얻는 하나의 수단이요 도구일 뿐이다. 그러한 수단과 도구를 우리는 자산으로 착각한다. 비유하자면 농사일에 있어서 농기구와 같은 기능일 것이다.

인생의 자산항목이 무엇인지를 생각해보면 결론은 기쁨을 만들어 전달하는 일이다. 그것은 이 사회를 행복하게 하는 원동력이다. 가족에게, 친지에게, 이웃에게 기쁨을 주는 일이다. 베푸는 기쁨은 다시 자기에게 기쁨을 되돌려준다. 기쁨의 자가발전원리(自家發電原理)라고 할 수 있다. 이와 반대로 서로가 서로를 미워하고 질시한다면 이 사회는 사람들이 살 수 없는 험악한 세상이 될 것이다.

기쁨이 넘치는 사회가 사람들이 원하는 이상의 세계이다. 사랑을 주고 기쁨을 주기 보다는 오히려 상처를 주고 미워한 나를 보게 되고 오히려 사랑에 빚 진자가 되었으니 내 인생의 결산서에는 자산 보다는 부채가 훨씬 많음을 고백하지 않을 수 없다. 기업으로 말하자면 부실기업에 비유할 수 있는 부실인생(不實人生)이다. 새로이 단장하여 건실한 인생으로 변환될 수 있기를 희구하는 마음이다.

팔자 좋은 사람들

사람이 세상을 살아가는 방법은 그 사람의 수효만큼 많다고 할 수 있다. 하고자 하는 일을 쉽고 편하게 하려는 경향이 사람에게는 있게 마련이다. 자기가 편한 만큼 다른 사람이 그 만큼 더 고된 짐을 지는 것이 사실이다. 아침에 출근하여 10시쯤 다방에 내려가서 차 한 잔하고 11시 30분에 사무실에 올라와서 12시가 되면 점심식사를 하러간다. 식사를 마치고 다시 다방에 들러서 차 한 잔을 하다보면 2시쯤은 되는데 일간신문 2장을 사 가지고 사무실로 올라와서 신문을 읽다보면 3-4시는 족히 되게 마련이다.

이제 다시 목욕탕에 가서 시간을 죽이다가 6시경에 사무실로 올라온다. 직원들은 일을 마치고 퇴근해야 하는데 퇴근은 하지 않고 하는 일 없이 보초를 선다. 어느 중역 또는 중견간부의 하루 일과인 경우가 많았다.

한참 일할 낮 시간에 목욕탕에서 낮잠을 자는 사람들, 산해진미를 앞에 두고도 맛이 없다는 사람들, 여기저기서 글을 베껴서 자기 글처럼 발표하는 사람들, 돈을 주고 논문을 대필하는 사람들, 돈을 주고 시를 사서 자기 글로 발표하고 많은 문학상을 타는 사람들, 돈을 주고 시인의 면허증을 사는 사람들, 작가 지망생과 협잡하여 신춘문예에 당선시키는 사람들, 이력서에 경력사항을 꾸미려고 대학의 최고경영자과정에 등록하는 사람들, 비싼 값에 신주를 공모하고 자기 주식은 비싼 값에 몽땅 팔아치우는 사람, 가짜 융통어음을 발행하여 현금으로 바꿔 가는 사람들, 물건을 구입하고 발행한 어음을 부도내는 사람들, 부정부패를 척결하자고 하면서 이권청탁을 받고 수억을 챙기는 정치인들, 남이 하면 불륜이고 자기가 하면 순수한 사랑이라고 우기는 사람들, 돈이 썩어가도 자식의 학교 등록금은 절대로 주지 않는 사람들, 좋지 않는 작품을 걸작품인양 사기를 치는 출판사의 사장님들, 자기 패거리의 형편없는 작품만 발표되면 치켜세우는 평론가들, 내용물은 빈약한데 화려한 포장으로 소비자를 속이는 제과업자들, 소에 물을 먹여 물고기를 만드는 사람들, 식품에 독극물을 첨가하는 식품업자들, 좋지도 않은 재료로 만든 의류를 터무니없는 값으로 판매하는 양심 없는 의류업자들, 자기의 팔자도 고치지 못하면서 남의 팔자를 고쳐준다고 부적을 써주는 사람, 자기의 운명도 모르면서 남의 운명을 알려준다는 점술가, 자기가 발행한 책의 저작권은 주장하면서 남의 글은 무단으로 복제하는 출판사들, 살아서는 미워하던 사람을 죽어서는 슬퍼하는 사람들, 어린이를 성폭행하는 사람들, 어린 소녀를 유인하여 착취하는 사람들, 마약을 신통한 만병치료약인양 숨어서 판매하는 사람들…….

이 모두 팔자 좋은 사람들이다. 그 팔자가 언제 바뀔 런지는 모르지만…….

천제인귀일엽주(天際人歸一葉舟)

일산의 호수공원은 일산에 사는 사람들이 찾는 귀중한 휴식처이다. 어린 아이에서 노인들에 이르기까지 찾는 사람들의 유형도 다양하다.

이른 아침 두 노인이 정자에서 한시(漢詩)를 해설하며 주고받는 것을 보았다. 허름한 노트에 쓴 글씨가 예사 솜씨가 아니어서 힘이 있고 품격이 있어보였다. 두 노인은 아주 친한 친구사이로 오랫동안 좋은 한시를 발굴하여 서로 의견을 나누며 즐기는 것이었다.

아침에 좋은 시를 대하면 하루가 즐겁고 풍요롭다고 하였다. 그들이 나눈 한시의 한 귀절이 "천제인귀일엽주(天際人歸一葉舟)"였다. "하늘에는 한 조각배를 타고 사람들이 돌아온다."는 내용인데 짧은 구절에 깊은 뜻이 담겨져 있어서 눈에 들어왔다. 이 세상에서 낙엽 같은 한 조각 위태로운 배로 항해하면서 결국은 하늘나라로 항해한다는 내용이니 삶의 근본을 압축하여 표현한 글이었다.

나이가 들어 시를 감상하며 산다는 것이 얼마나 풍요로운 삶이며 낭만인가? 실로 부요한 삶을 누리는 사람들의 모습이다. 사실 이런 풍경을 우리 주위에서 접하기는 그리 쉽지 않은 일이다. 흔히 우리가 볼 수 있는 광경은 여러 노인들이 모여서 잡담이나 하는 정도인데 그 격이 전혀 다르다고 할 수 있다. 등산, 달리기, 자전거를 타는 것도 좋은 여

가선용이요 건강관리법이겠으나 시를 감상하고 즐기는 도락은 한 차원 높은 여가선용일 것이다.

피천득 선생님과 김상옥 선생님도 이와 같이 서로의 작품을 평하고 설명하는 것으로 알고 있는데 참으로 값진 삶의 한 모습으로 아름답게 다가온다. 사람은 하늘나라를 향하여 지금 항해를 하고 있는 중이다. 도착 시간은 다를지라도 누구나 가야할 종착지이다. 출발이 조금 더 빠르고 늦을지언정 반드시 가야할 종점이다. 도착한 후에는 모든 과거의 시간과 공간은 묻혀버리고 잊혀질 것이다. 이미 각자에게는 도착할 시간표가 주어져있다. 단지 그것을 모르고 있을 뿐이다.

그 조각배 한 척에는 이 세상의 아무것도 싣고 갈 수가 없다. 나의 조각배는 지금 어디를 향해하고 있는 것일까?

글쓰기에 대하여

글쓰기는 돈 몇 푼을 내고 배울 수 있는 것이 아니다. 글쓰기에 있어 어려움은 표현기법에 있지 않고 담는 내용에 있다. 좋은 내용이 담긴 글이 좋은 글이기 때문에, 좋은 글을 쓰기란 쉽지 않다. 글은 단순히 손끝에서 만들어지는 것이 아니라 머리의 사고로부터 만들어지는지는 산물이다. 생각의 창고가 풍부해야 글 재료가 풍부해진다. 텅 빈 생각의 창고에서는 아무것도 꺼내서 쓸 것이 없다. 우유가 들어있는 팩(pack)에서 우유를 마실 수 있고, 물이 들어있는 물병에서 물을 마실 수 있듯이, 아무 것도 들어있지 않은 머리로 부터는 어떤 주제의 재료도 꺼내 쓸 수가 없다.

생각의 창고에 무엇을 쌓아서 보관할 것인가? 크게 보아서 경험과, 지식과 지혜, 자기의 합리적 판단력과 소신으로 구분할 수 있다. 이러한 것들이 서로 조합되어 글의 재료가 된다.

첫째로 경험은 직접 몸으로 체험하여 얻는 직접체험과 책자나 기타 미디어를 통하여 얻어지는 간접체험으로 대별할 수 있다. 직접체험은 많이 하기 어렵기 때문에 많은 책을 통하여 간접체험을 많이 습득해야 한다. 책을 많이 읽어야 할 필요가 여기에 있는 것이다.

둘째로 지식과 지혜도 책자나 혹은 기타 미디어를 통하여 얻어진다.

셋째로 얻어진 경험과 지식, 지혜를 바탕으로 하여 사고의 영역을 확장하고, 아울러 이로부터 생성되는 합리적 사고와 판단을 할 수 있는 능력과 인생관에 대한 확고한 소신을 가져야 한다.

글의 내용이 그 사람의 생각을 담게 된다면, 글에는 그 사람의 인생관과 가치관이 담겨있다고 할 것이다. 좋은 글을 쓰려고 한다면 먼저 올바른 인생관과 가치관이 확립되어야 할 것이다. 글을 통하여 풍기는 맛과 내용은 그 사람의 인격에서 나오는 것이다. 그런 연유로 글은 바로 사람이라고 말한다. 따라서 글쓰기는 단순히 글쓰기가 아니라 인격수양이라고 할 수 있다. 자기완성을 위하여 끊임없이 노력할 때에 결과적으로, 부수적으로 값진 한 줄의 글이 얻어진다.

글은 자신의 표현이며 결과이다. 글의 품격은 바로 그 사람의 인격의 등급이라고 할 수 있다.

이 세상에는 영원히 쉴 집이 없다

이 세상에는 많은 것이 존재하는 것 같지만 실은 2 종류의 사물이 있다. 하나는 생명이 있는 유기체와 생명이 없는 무기체가 있다. 우리 눈에 보이는 현상들의 대부분은 생명체이다. 육지에 나무와 풀, 짐승, 곤충, 각종 동물, 그리고 물속에 있는 수많은 물고기와 식물들. 그 모든 생명체들은 일정 기간 동안에만 생명을 유지하며 차세대에게 생명을 물려주고 그 자리를 떠난다.

사람도 그런 생명체들과 같이 차세대에게 그 자리를 물려주고 반드시 떠난다. 이런 생명체들 중에서 유독 사람만이 많은 것을 만들고 소유하려는 습성이 있다. 어느 생명체도 사람과 같은 그런 소유의 습성을 가지고 있지 않다.

종달새는 한 철 새끼를 칠 때만 둥지를 만들어 사용하다가, 새끼가 장성하면 그 둥지를 버리고 자유롭게 하늘을 날며 노래하며 살아간다. 하지만 사람은 많은 집을 소유하려 하고, 많은 것을 집에 쌓아두려고 한다. 먹을 것을 집에 많이 쌓아두면 썩어서 버리게 된다. 철새들은 집이 없어도 얼마나 건강하게 즐겁게 살아가는가.

사람은 평생 동안 피와 땀을 흘려 집을 짓는다. 그 집은 사는 집일 수도 있고, 재물의 집, 권력의 집, 명예의 집일 수 있다. 아무리 좋은 집을 지어도 그 집은 허물어지게 마련이며, 그 집에서 사람이 영원히 쉬며 살 수는 없다. 하지만 사람은 영원히 쉴 집이 이 세상에 있는 것으로 착각하며 살아간다.

우리 눈에 보이는 것은 다 없어지는 것이요 사라지는 것이다. 눈에 보이지 아니하는 것은 변하지 않고 영원히 존재하는 것이다. 성경은 우리에게 일렀으되 "그러므로 모든 육체는 풀과 같고 그 모든 영광이 풀의 꽃과 같으니 풀은 마르고 꽃은 떨어지되 오직 주의 말씀은 세세토록 있도다 하였으니 너희에게 전한 복음이 곧 이 말씀이니라"(베드로전서 1장 24-25절) 라는 귀한 말씀을 주셨다. 그렇다. 영원히 변치 않고 존재하는 것은 하나님의 말씀뿐이다. 이런 맥락에서 쓴 시조가 아래의 글이다.

영원히 쉴 집

이것저것 끌어 모아 피땀 흘려 집을 짓는다
이 땅에 수많은 집, 짓고 또 짓는다 해도
영원히 쉴 수 있는 집은 이 세상엔 없는 걸세

좋은 나무가 좋은 열매를 맺나니

– 잡지 <시에> 문학행사 축사

60년 전 한국경제의 어려웠던 시절과 지금의 상황을 대비해 보면 그 격차가 상상을 초월합니다. 현재 여러 부문에서 심하게 이루지는 낭비를 볼 수 있습니다. 입을 만한 옷가지들과 가구 등을 버리는 것들이 대표적이라 할 수 있습니다. 또한 정부와 자치단체들의 예산낭비 또한 수준급에 있습니다. 이것보다 더 크고 놀라운 낭비는 건축물일 것입니다.

외국에서는 한 번 집을 지으면 3-400백년을 사용하는데 우리는 고작 3-40년을 사용하니 이 얼마나 많은 재화와 노동의 낭비입니까? 이 모든 것들 보다 더 크고 심각한 낭비가 있는데 이 문제에 대해서는 전혀 감각이 없고 또 심각하게 생각하지 않고 있습니다. 가장 큰 낭비는 단 한 번뿐인 인생에 대한 낭비라고 생각합니다. 인생을 거의 다 살고 나서야 인생을 사는 방법을 조금 터득하게 되니 말입니다.

세상에 존재하는 모든 물질과 자연현상은 그 용도가 있는데 과연 사람의 용도는 무엇입니까. 그 말은 곧 사람이 살아가는 방법이 무엇인가라는 말과 같은 뜻이기도 합니다. 그럼에도 불구하고 교육현장에서는 사람이 살아가는 방법에 대해서는 교육하지 않습니다. 사람들은 행복이라는 신기루를 획득하기 위해서 산다고 합니다. 이 세상 어느 곳에도 행복이라는 물건은 존재하지 않습니다. 행복은 자기가 좋아하고, 하고 싫어 하는 것을 할 때 얻어지는 것입니다. 그리고 사람은 이웃을 사랑하면서 살아가야 합니다.

예술이 무엇입니까? 문학이 무엇입니까? 사람들이 살아가는 절실하면서도 진솔한 이야기를 그리는 작업 아닙니까. 그래서 문학은 해볼 만한 작업입니다. 그래서 여러분들은 행복합니다. 시에 잡지를 발행하는 양문규 시인은 사랑의 메신저입니다. 그리고 이 책에 글을 쓰고, 이 책을 읽는 독자들도 사랑의 메신저입니다.

좋은 나무가 좋은 열매를 맺는다고 했습니다. 좋은 사람이 좋은 글을 씁니다. 이 <시에> 잡지를 만드는 양문규 시인이 좋은 사람이니 좋은 사람들이 모일 것입니다. 저도 양 시인에 대한 좋은 감정이 있어 이 자리에 오게 되었습니다. 이 좋은 계절에 좋은 분들이 만나서 아름다운 얘기를 나누면서 행복한 시간을 누리시기 바랍니다.

– 2009. 9. 12(토)

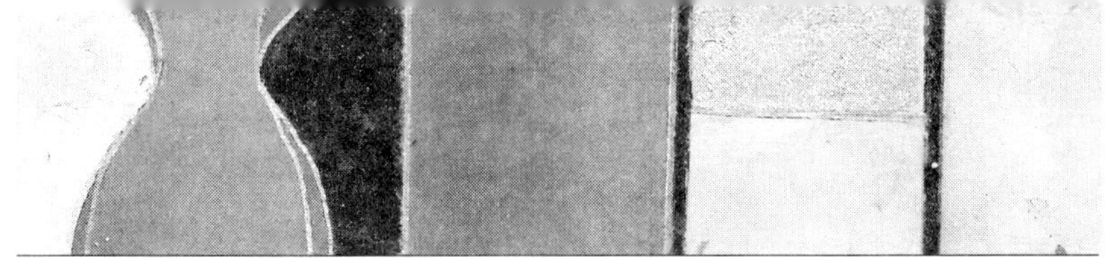

한 그루의 가을나무를 보며

인생의 여정을 흔히 4계절에 비유하는데, 각양각색의 희망의 꽃이 벙그는 유년기에 해당하는 '봄', 원기 왕성한 젊음을 구가하는 '여름', 풍성한 결실을 불사르는 장년기라 할 수 있는 '가을', 그리고 지난날을 회상하며 사색하는 노년기로 비유할 수 있는 '겨울'에 인생을 견주어본다. 계절이 바뀔 때마다 변하는 자연의 모습을 보면, 자연의 실체와 그리고 그 자연 속에서 살고 있는 우리들의 본질을 생각하게 된다. 특히 가을이 무르익는 10월이 되면 찬란한 놀빛으로 물든 산과 들, 금세라도 물이 뚝뚝 흘러내릴 듯한 푸른 하늘의 아름다운 빛깔과 그 빛깔들의 조화로 빚어진 소리 없는 자기표현들은 우리들의 시선을 유혹하기에 족하다.

거기에 이끌리어 가까이 다가서면 이미 생명을 다한 채 말라버린 잡초들이 있는가 하면, 아름다운 잎을 달고 있는 나무에서는 그 잎이 하나 둘 지면서 본연의 줄기와 가지들이 서서히 드러나고 있음을 보게 된다. 고운 빛깔의 잎을 가진 나무에서는 열매를 보기 힘들다. 가을의 능금은 과일 중의 여왕일 것이다. 언제나 신선한 맛과 향기를 우리에게 선사하는 능금들을 무겁도록 온몸에 주렁주렁 매달고 있는, 마치 희생적인 어머니의 모습으로 서 있는 능금나무는 결코 화려한 잎을 갖고 있지 않을 뿐만 아니라, 능금이 익어갈 때면 마치 남루한 옷을 걸친 듯이 그 가지와 줄기가 훤하게 드러나 보인다.

과일을 맺은 나무가 그 결실을 결코 자기가 소유하지 아니하고, 자랑하지 않는 것을 대할 때, 우리는 이에서 자신을 돌아보게 된다. 열매는 없으되 화려한 잎을 자랑하는 우리들의 모습을 떠올리게 된다. 나뭇잎은 그저 나뭇잎일 뿐, 결코 나무의 본체도 생명의 근원도 아니듯이 우리들이 주렁주렁 달고 다니는 권세·명예·재물 같은 장식들은 하나의 장식물일 뿐, 인간의 본질과는 무관한 것이 분명하다. 우리는 우리가 소유한 장식물이 곧 자기 자신이라고 인지하는 착각 속에 빠지기 쉽다.

동양의 공자나 서양의 소크라테스가 그런 장식물을 소유하지 않았음을 우리는 익히 알고 있다. 비록 열매가 없을지라도 마지막에 찬란한 빛을 발하는 나무들을 보면서, 또한 갖가지 상념과 지난날의 허물을 벗고 있는 묵상하는 나무들을 보면서 이 가을에 그토록 높아만 가는 하늘을 우러르게 된다.

필자가 사회에 입문한 지 올 10월로서 만 20년이 되는데 이제 필자는 열매 없는 나무요, 그렇다고 찬란한 잎을 가진 나무도 아니고 보면 빈들에 부는 바람만큼이나 쓸쓸하기만 하다. 농부가 가을에 추수할 열매가 없다면 얼마나 허망하랴. 바로 눈앞에 강이 흐르는데도 우리는 목이 마르고, 들판에 풍성한 곡식이 무르익어 가는데도 굶주리는 삶을 사는 우리를 본다. 그것은 과연 무엇일까? 무엇인가를 찾아나선 우리는 아무것도 찾지 못하고 결국은 지치고 아픈 나래를 접은 채, 둥지로 회귀하는 우리들을 보게 된다. 그 둥지는 무엇일까?

서산에 해는 지고 놀처럼 서러워질 때, 돌아오는 새들을 만난다. 이 가을에 잎은 또 곱게 물들어지고 있는데, 그 빈 가지들 사이로 파아란 하늘이 어느새 넓고 깊은 바다로 흘러흘러 가고 있다.

사색의 가지에서 한 잎 두 잎 낙엽이 되면
모든 것 훌훌 털고 가을바다로 오시구려
이름이 없어 자유로운 들풀들을 만나리다.

– 졸시 「가을바다로 오시구려」 중에서.

소슬한 가을바람에 흔들리고 꺾여 지는 들풀들을 생각하면서, 우러른 청잣빛 하늘에는 한두 점 흰 구름만 흘러가고 있다.

50년 후의 쓰레기 문제

사람이 세상에 살면서 가장 중요한 것 중의 하나가 주택일 것이다.이 한국에서는 많은 인구에 비하여 유용한 토지가 부족하여 고층아파트를 건축하게 되었다. 이 고층아파트가 두 가지 문제를 안고 있으니 첫째는 지진에 관한 것이요 둘째는 재건축시에 발생하는 쓰레기 처리문제이다.

선진국의 주택은 보통 수명이 수백 년을 유지하는데 우리나라의 건축물의 수명은 몇 십 년에 불과하다. 선진국에서는 4-500년에 하나의 주택을 건축하면 족하나 우리나라는 그 기간에 최소 10번은 짓고 10번을 허물어야 할 것이다. 이것은 한국경제의 발전과 관련된 문제로서 장기적으로 볼 때 경제발전에 큰 걸림돌이 될 것이 확실하다. 또한 앞으로 50여 년이 흐른 후에는 재건축문제가 모든 아파트에서 거론될 것인데 그 많은 고층아파트 철거 시에 발생하는 그 많은 쓰레기를 어떻게 처리할 것인지를 심각하게 생각해 보았는지도 실로 궁금하다.

선진국에 비하여 시멘트 사용을 4-5배나 많이 하고 있어 이 땅은 콘크리트 공화국이 될 전망이다. 콘크리트는 처리가 곤란한 쓰레기이다. 이러한 쓰레기를 처리하는 비용과 처리 방법 등이 결코 만만하지 않다. 또한 막대한 재화를 소요로 하는 새로운 건축비는 어떻게 할 것인가?

새로운 일거리를 창출한다는 궤변도 있을 수 있을 것이다. 차후로는 4-500 백년을 쓸 수 있는 견고한 건축물을 지어야 낭비를 줄일 수 있을 것이고 그러한 문제를 해결할 수 있을 것이다. 지금과 같은 방법으로 건축물이 지어진다면 4-500년이 흘러간 후에 이 금수강산은 회생 불가능한 쓰레기장이 될 것이 확실하다.

껌에 대하여

나는 유난히 껌에 대하여 매우 민감하다. 껌을 씹는 소리를 듣게 되면 결코 참을 수 없는 신경질이 발동하곤 한다. 전철에서건 버스에서건 껌을 유독 소리 내어 씹는 사람을 만나면 참을 수 없어 자리를 반드시 피한다. 그런데 이상하게도 껌을 씹는 사람이 넓은 자리를 놔두고 하필이면 내 옆자리에 앉는다. 대개의 경우 여자들이 껌을 많이 씹는데 정서가 불안한 사람들이 껌을 많이 씹는 것 같다.

우연히 종로 길을 가다가 길바닥에 수 없이 붙어있는 까만 껌을 보게 되었다. 깨끗해야 할 거리가 온통 껌으로 까맣게 점점이 붙어 있었다. 길을 청소하려면 일일이 손으로 껌을 제거해야 하는데 비용은 고사하고 그 껌을 제거하는 일이 결코 만만치 않다. 도시를 청결하게 해야 하는 점에서는 껌을 판매하는데 있어 정부와 제조업자가 이 문제를 심각하게 검토해봐야 할 것이다.

껌으로 인하여 거리가 불결해 진다면 이를 만드는 제조업자도 그 책임의 일부는 감당해야 한다고 생각한다. 사실 길바닥을 더럽힌 껌을 제거하는데 소요되는 비용을 산출한다면 그 금액이 실로 엄청날 것으로 추정된다. 껌만 버리지 않는다면 도시의 미관을 보존하는데 큰 도움이 될 것이다. 싱가포르에서는 길바닥에 껌을 버리면 경범죄로 크게 다스린다고 하는데 이 법을 엄격하게 적용할 필요가 있다고 본다

통신비에 대하여

근자에 휴대폰을 지니고 사용하는 사람들이 대부분이다. 휴대폰의 등장으로 우리는 많은 편리함을 누리게 되었다. 그 편리함으로 인하여 한 집에 전화기가 4-5대가 되는 것은 보통이다. 우리 집도 보면 팩스에 연결된 전화가 1대, 일반전화가 1대에 휴대폰이 3대이니 합계 5대인데 그 전화요금이 만만치가 않다. 휴대폰을 소지하지 않은 사람은 간첩이라고 할 만하게 된 현실이다.

휴대폰을 가장 많이 사용하는 젊은이들이 장시간에 걸쳐서 통화하는 것을 보게 되는데 그 전화요금을 무엇으로 감당하는지 모르겠다.

나라 전체에서 사용하는 휴대전화요금을 합산하면 엄청난 금액이 될 것이고 가계지출에서 차지하는 비중도 대단할 것으로 추측된다. 실로 개인에게 엄청난 부담이 될 것이다. 이 휴대전화 요금이 개인을 신용불량자로 전락시키는데 일조를 하고 있다는 사실이다. 즉 고액의 전화요금이 2-3년 누적이 되면 결국은 사용자는 신용불량자로 전락하게 된다. 휴대전화를 마음 놓고 쓰게 되면 전화요금이 한 달에 20만원은 족히 된다.

이 금액을 3년 동안 합산하면 720만원이 되고 5년을 합산하면 1,200만원이 된다. 가랑비에 옷이 젖고 큰 제방도 개미들의 작은 구멍으로부터 시작된다는 말과 다름없다 할 것이다.

또한 개인에게 부담이 되는 비용은 결국 인건비 상승과도 간접적으로 연관을 갖게 되고 이 것은 우리나라 수출의 가격경쟁력을 저하시키는 요인이 될 것이다.

한 사람의 근검절약이 국가의 경쟁력이 된다는 사실을 우리국민은 잘 모르는 듯하다. 개인의 비용이 인건비의 내용을 결정하는 요소가 되며 이 것이 생산원가를 구성하기 때문이다.

이에 부가하여 신형모델의 휴대폰이 등장하면 즉시 교체하는 경향이니 이 또한 큰 낭비이고 제조업체와 판매업체는 판매를 부추긴다. 이래저래 소비자는 봉이 되고 피해를 입게 된다.

대중교통 수단을 이용하다보면 고성으로 통화하는 경우를 흔히 보게 된다. 그 것도 장시간을 두고 통화를 하는 경우가 많은데 인내할 수 없는 경우가 많은 게 사실이다. 통화를 자제하면 공중의 질서를 지키는데 도움이 되고 전화료를 절약하는 효과를 가져오기도 할 것이다.

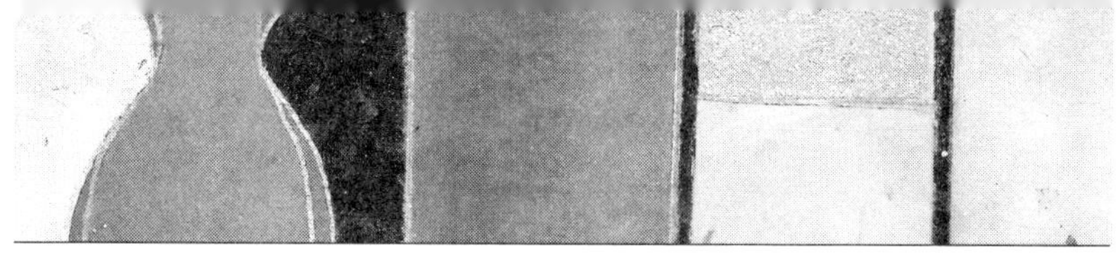

복권에 대하여

요즈음에 로또 복권으로 사회가 뜨겁게 달아오르는 것을 보고 실로 우려를 금할 수 없었다. 서민들의 주택을 해결하겠다는 좋은 취지로 탄생한 주택복권이 우리나라의 대표적인 복권의 효시인데 지금은 종류를 헤아릴 수 없을 만큼 많은 종류의 복권이 발매되고 있다. 그렇지 않아도 문제가 많은 복권인데 로또라는 복권을 정부에서 발행하여 국민을 선동하고 현혹하여 엄청난 금액의 복권을 판매하여 정부 각처에서 이 수익금을 사용하고 있다. 정부에서는 막대한 수익을 올리는 데만 관심을 갖고 있을 뿐이다.

정부에서는 국정운영에 있어서 한 가지 중요한 사실을 간과하고 있다. 정부는 소위 엘리트 집단으로 좋은 인재로 구성된 조직이다. 또한 그 정부가 추구하는 최종적인 목표는 다중의 국민들이 행복을 누릴 수 있도록 모든 행정적 방향과 정책을 제시하고 이를 실천해야 하는 것으로 알고 있다. 그럼에도 불구하고 이 문제에 대하여 심도 있게 검토한 적이 없는 것 같이 느껴진다.

정부는 먼저 이 복권을 구입하는 계층에 대하여 생각을 했어야 했다. 미래가 보이지 않고 어려운 현실의 구렁에서 허우적대는 사람들이, 절망감에 휩싸여 있는 사람들이 복권을 구입한다는 사실이다. 부유층에서는 결코 복권을 사는 법이 없다. 정몽구 회장이나 이건희 회장이 복권을 샀다는 얘기를 들어본 적이 없다.

정부에서 국민을 선동하고 현혹시켜 복권을 많이 파는 것은 불쌍하고 소외된 저소득층의 주머니를 약탈하는 것이나 다름없다. 정부에서는 그런 계층을 위하는 정책을 펴야함에도 불구하고 오히려 그들의 주머니를 비우게 한다면 이는 직무유기에 해당한다고 본다.

이 복권 문제에 대하여 청와대에 건의하였으나 아직 까지 이에 대한 회신을 받지 못하고 있다. 과연 이 문제가 작은 문제인가? 국민의 정부가 무엇인가? 로또복권의 폐해는 엄청난 사건이며 무서운 행정적 오류임을 결코 잊어서는 아니 될 것이다. 정부에서는 이에 대한 입장을 밝혀줄 것을 강력하게 요청하는 바이다.

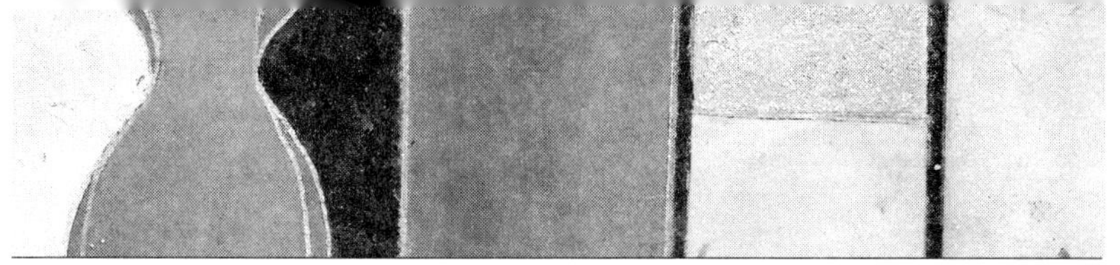

한국경제, 어디로 가고 있는가

– 쓰레기와 낭비

요즈음의 살림살이가 풍족해지니 쓰레기 생산량도 나날이 증가하는 것 같다. 어렵던 시절에는 결코 그렇게 많은 쓰레기를 볼 수 없었다.

버려지는 쓰레기를 보면 해도 너무 한다는 생각이 든다. 거의 새 옷을 버리지 않나, 좋은 그릇, 수선하면 쓸 수 있는 가구, 소장할만한 문집 등등 헤아릴 수가 없다.

언제부터 우리나라가 잘 살게 되었는지 도시 알 수가 없다. 수많은 자동차의 행렬이며, 씀씀이를 보노라면 이렇게 과대소비를 하고도 한국경제가 별 탈이 없다면 기적이라 할 것이다. 이 점에 대하여 나는 이해를 할 수가 없었다. 내가 아는 상식으로는 도저히 받아드릴 수 없는 경제원리였다.

1990년 이후에 이루어진 과소비의 후유증이 지금 나타나고 있음을 국민들은 알아야 한다. 많은 가정경제가 파탄을 맞고 있는 징후가 나타나고 있다. 신용불량자가 300만 명이요, 가구당 평균 부채가 3,000만원이고 대기업 그룹의 70%가 분식회계를 했다는 것이 이를 증명하는 것이다. 그간에 쓸 수 있는 것은 모두 끌어다 썼으니 이제는 끌어다 쓸 것이 없다. 쓸 돈이 없으니 자연 구매력이 없을 것이고, 구매력이 없으면 판매가 부진할 것이고, 부진한 판매는 부진한 생산을 가져오고, 매출이 감소한 회사는 종국에는 도산에 이를 것이다. 회사가 도산하면 일자리가 없어지고, 그 것은 실업률을 상승시키고 수입이 없는 사람들이 많게 되면 사회의 불안 요소가 될 뿐만 아니라 작종 강력 범죄를 유발하게 된다.

근자에 이르러 은행 강도가 빈번하게 일어나고 있다. 일찍이 없었던 일들이 일어나고 있다. 위조지폐 발행, 보험사기, 절도, 강도, 폭력 등의 범죄가 증가할 것이다. 대기업의 분식회계는 이 나라경제의 치명적인 손상을 줄 것이 뻔하다. 지금부터라도 근검절약하는 길밖에 다른 방도가 없다. 쓰레기를 줄이고 이 나라 살림살이를 부흥시키는 초석을 다시 놓아야 할 것이다. 경제는 항시 성장만 하는 것이 아니다. 축소 후퇴한다는 사실도 알아야 한다.

그 옛날 영국은 세계 각처의 많은 식민지를 통치하면서 많은 재화를 약탈하여 자국민에게 제공하였다. 그러한 영국의 지금 사정은 어떠한가? 옛날은 옛날이고 현재는 현재일 뿐이다. 우리의 과소비를 위하여 도와줄 나라는 이 세상에 아무도 없다.

우리나라가 가난하면 다른 나라에 예속될 수밖에 없다. 우리나라를 관찰해 보면 부가 축적되어 있는 나라가 아니다. 많은 국민들은 우리나라가 많은 부를 축적한 것으로 착각하고 있는 것 같다. 부가 없는 나라에서의 과다소비는 바로 부채의 발생을 의미한다. 다시 말해서 돈을 빌려와서 소비를 한 것이다. 필자는 우리나라가 부흥 발전되기를 바라는 사람이다. 절대로 망하기를 바라지 않는다. 되어지는 일들이 망하는 길로 들어가고 있기에 생각의 편린을 옮겨 보았을 따름이다.

신문 방송 매체의 보도와 관련하여

필자는 신문 방송에 관한 지식이 별로 없다. 오랫동안 매체를 접하면서 고쳐져야 할 몇 가지 사항이 있다고 생각해 왔다. 날로 보도되는 기사들이 더욱 자극적이고 잔혹한 사건들만 부각되는 것이 못내 아쉽다. 부정적인 것을 보도하여 독자나 청중에게 경각심을 심어주는 것도 한 방법일 수 있겠으나, 그 것 보다는 좋은 일들을 발굴하여 적극적으로 홍보하는 것이 더 좋은 매체의 기능이라고 생각한다.

Negative news와 Positive news를 적절히 균형을 맞추어서 보도한다면 사회정화와 발전에 큰 도움이 될 것으로 생각한다. 그렇게 함으로써 상호 비교 대비되어 매체로서의 기능과 효과를 확대할 수 있다고 생각된다.

법원의 판결을 받지 않은 미확정 사건에 대하여 마치 혐의가 있는 사람들을 범인인 것처럼 매체들이 실명을 거론하며 매도하고 있는 것은 너무 성급하게 앞서 나가는 보도라고 생각한다. 특히 정치권에서 벌어지는 일들을 보면 우선 매체에 터뜨려놓고 무책임하게 임하는 자세를 보게 된다. 사건에 대하여 보다 확실한 검증을 거치지 아니하고 우선 보도 먼저 해놓고 보는 식은 자제되어야 한다. 이는 또한 보도의 공정성 확보와도 상통하는 문제인데 각 매체마다 스스로 권위를 지키고 높이는 자구책을 세워야 할 것이다. 각 매체들이 의지만 있다면 이러한 보도의 공정성 문제는 얼마든지 개선해 나갈 수 있다고 생각한다.

신문 방송사들은 그 설립 취지에서 일반기업과는 성격이 다소 다르다고 본다. 일반기업은 이윤추구를 제일로 삼고 있으나 신문 방송사들은 그 목적이 일반 기업과 다르다고 생각한다. 신문 방송사들이 이윤 추구에 매달리면 설립목적을 벗어나게 되고 그 기능을 다하지 못하게 된다. 신문 방송사들이 회사의 이익추구를 먼저 앞세우기보다는 독자와 시청자의 입장에서 운영되어야 한다는 사실이다. 그래야 매체로서의 그 기능을 수행할 수 있는 것이다. 그렇게 하지 않으면 매체로서의 고유기능을 잃어버린 일반기업으로 전락하게 된다. 매체는 철학이 있어야하고 그 정신이 살아 있어야 한다. 그렇지 않은 매체는 죽은 매체라고 할 수 있다.

덩치만 크다고 좋은 매체가 되는 것은 아니다. 보석이 크다고 해서 귀한 것이 아니듯이 말이다. 고여 있는 물은 썩게 마련이고 그 물에서 살던 고기도 결국은 죽고 만다. 맑은 물에는 많은 고기가 모이는 생육과 번식이 있게 마련이다.

이제는 시대가 바뀌었다. 옛날과 다른 새로운 시대가 왔음을 직시해야 한다. 특혜를 누리던 시대는 이미 끝이 났다. 새로운 시대에 부응하지 못하면 도태만 있을 뿐이다. 매체의 제작방법과 그 내용을 대폭 수정하지 않으면 새로이 등장하는 매체에 그 자리를 내주어야 한다.

전에는 몇몇의 신문과 방송사에서 정보를 독점하여 판매를 해 왔으나 이제는 그 독점권이 사실상 없어지게 되었다. 그 독점권이 없어진 이상 기존의 매체들에게서 소비자들은 특별히 얻을 것이 차츰 없어지게 된다. 특별히 얻을 것이 없는데 기존매체의 고객이 될 하등의 이유가 없다.

사회의 위기

건강한 가정은 건강한 사회를 만든다. 건강한 사회는 가정이 건강하다는 말이다. 병든 사회는 가정이 병들었다는 결론에 도달한다. 가정은 사회의 구성원을 배출하는 조직이며 그 구성원을 양육 교육 보호하는 조직이다.

우리의 인체에서도 병든 세포나 암세포가 하나의 건강한 개체를 죽음으로 이르게 하듯이 병든 가정은 사회를 병들게 하고 파탄에 이르게 한다.

쾌락문화의 창궐은 결국 가정 파괴의 요인으로 작용하지 않았나 하는 생각을 하게 된다.

1년에 30만 쌍이 결혼하고 14만 쌍이 이혼을 하는 현 세태는 이미 위험 수위를 넘어섰다. 돌이킬 수 없는 방향으로 이 사회가 추락하고 있다. 불안전한 가정 형성은 2세에게도 큰 영향을 주게 되고 2세들도 이런 영향에서 결코 벗어날 수 없게 될 것이다. 매년 기하급수적으로 증가하는 이혼추세라면 결혼 파탄을 경험한자들로 이 사회가 만원을 이룰 것이다. 가정을 가지려는 사람은 자연 줄어들게 될 것이고 자녀의 출산과 양육에 문제가 생길 것은 뻔하다.

새로이 태어나는 세대가 건강해야 이 사회가 발전하고 번영할 것인데 불안정한 가정의 틀에서 좋은 사회인을 배출하는 것은 일반적으로 기대하기 어렵다.. 이의 근본적인 이유는 물질만능주의에서 연유된 것도 한 이유가 될 것이며, 사람이 살아가는 방법에 대한 생활교육의 결여이기도 할 것이다.

배우자와의 정신적인 끈끈한 유대와 사랑이 결혼의 기초가 되어야 하는데 조건을 맞추어 배우자를 선택하는 잘못된 결혼풍조가 한 몫을 거들고 거기에다 생활인으로서 서로를 존중하고 사랑하는 인격이 형성되지 않았기 때문이다. 앞으로 가장 유망한 업종은 모텔업이 될 것이고 쾌락산업은 더 번창할 전망이다.

나라의 정책을 입안하고 추진하는 정부의 엘리트조차 나라의 방향이 나아갈 기본 방향을 모르고 있는 것이 오늘의 현실이다. 예를 들어 로또복권을 장려하여 가난한 사람들의 주머니를 터는 일에 아무렇지 않게 생각하는 도덕적 불감증에 걸려있으며, 부추기는 사업들이 경마, 경륜 카지노, 복권의 종류 늘이기, 골프장을 증설하는 일들에 열중해 왔다. 다른 부문은 낙후해 있는데, 이런 업종들을 날로 발전하게 한 것은 전적으로 정부와 사회지도층의 큰 잘못이라고 지적하지 않을 수 없다.

세계 10위의 경제대국이라고 자칭하고 수출대국이라고 하면서도 변변한 무역전시장 하나 없는 이상한 나라가 한국이다. 이태리 독일의 국제무역박람회를 가보면 알게 될 것이다. 그들의 저력은 기초가 튼튼한데 있음을 알아야 한다. 후발 중국은 세계 최대의 무역전시장 건립을 계속하여 추진하여 나가고 있는데 우리의 엘리트들은 로또복권이나 후원하는 일이나 하고 있다. 참여의 정부라는 노무현 정부의 가장 어려운 문제 중의 하나가

농촌문제의 해결이다. 이런 모든 일들이 어제 오늘에 생긴 문제가 아

니라 차일피일 미루어져온 일들이다.

그저 무사태평하게 하루하루를 넘기는 습관이 정부 관리들의 생태이다. 그간의 경험에 의하면 한국의 관리들은 국민들을 돕는 것이 아니라 항시 발목을 잡아서 뒷돈이나 챙기려는데 익숙해 왔다. 되는 일도 없고 안 되는 일도 없는 것이 관리들의 습관이었다. 만들어진 많은 법규 조례 등은 일 하려는 국민들의 발목을 잡게끔 만들어졌고 일이 되지 않도록 법규들이 만들어져서 의욕을 갖고 일하는 참 일꾼들의 의욕을 꺾어온 것이 사실이다.

이런 일들이 알려지고부터 이를 개선하려는 노력이 많이 이루어지고 있는 것으로 알고 있다. 한국에는 너무 많고 복잡한 법률로 인하여 법을 전공한 사람도 제대로 사회생활을 할 수가 없을 정도이다. 또한 지키지 않는 법도 상당이 많은 것이 현실이고 만들어진 많은 법들은 힘센 사람들과 예쁜 사람들에게는 적용하지 아니하고 밉고 약한 자에게만 적용하는 것이 현실임을 부정할 수 없다. 유전무죄 무전유죄라는 말이 결코 틀린 말이 아님을 우리는 깨달아야 한다. 만인은 법 앞에 평등하다는 말이 이 사회에 통용되고 있지 아니하다. 그 만큼 이 사회가 후진성을 면치 못하고 있다는 말이다.

제조업의 기반은 붕괴되었고 그로 인하여 젊은이에게 일자리가 없다면 젊은이들은 사회의 귀찮은 존재로 남을 것이 뻔하다. 이들이 가야할 길은 범죄의 조직으로 흡수되거나 자포자기의 군중으로 전락하여 사회불안의 요소가 될 것이다. 결혼 파탄의 중요 원인중의 하나가 일터의 문제와도 밀접한 관계가 있을 것이다. 점점 더 열악해지는 경제환경이 사회의 불안요인으로 모든 영역을 침범해 갈 것이다.

이런 여러 가지 어려운 문제들이 치유될 묘한 방책이 없어 보이고 치유될 기미도 결코 보이지 않는다. 조선이 몰락하고 일제가 이 땅을 지배한 후에 6,25 전쟁을 치루면서 우리는 정신적 귀한 유산을 상실하고 정신적 공황상태로 상당기간 지속된 것이 결국은 여기에 이르지 않았나 생각한다.

불안한 사회의 요인들이 제거되려면 지금 부터라도 올바른 교육으로부터 그 해답을 찾아야 할 것이다. 새로 나오는 새싹부터 잘 기르는 방법 외에 다른 길이 없을 듯하다.

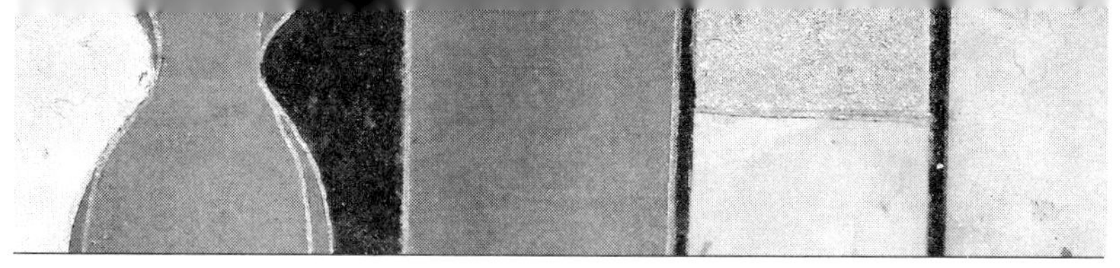

씨암탉을 잡아먹다

– 꽃 같은 젊은이를 보면 눈물이 난다

어젯밤 꿈에 한 요정이 나타나서 다음과 같은 재미있는 이야기를 생생하게 전해주었습니다.

옛날 옛날에 아무것도 없는 찢어지게 가난한 어느 농가(한국)에서 어떻게 운 좋게 돈을 빌려서(차관) 씨암탉(공장/기업)을 몇 마리 샀습니다. 그래봤자 나오는 계란은 몇 개 안되어 온 식구가 골고루 나누어 먹지 못했지요.

권위적인 가장인 아버지(군사정권: 박정희–전두환)는 장남(기업가/재벌)이 집안의 기둥이라고 특별히 장남에게만 계란을 먹이고 나머지 계란은 모두 시장에 팔아(수출) 씨암탉 수를 늘려만 갔습니다. 먼저 씨암탉수가 늘어야만 나중에 모두가 잘 먹고 잘 살 수 있다면서(선성장/후분배). 그렇게 해서 씨암탉 수가 늘어났는데도 아버지는 계란을 동생들에게는 계속해서 별로 나눠주지 않았습니다.(권위주의의 지속) 반면 장남은 닭고기도 맛있게 먹을 수 있었지요. 항의하는 동생들에게 회초리만 때릴 뿐이었습니다(유신/5.18).

그러던 중에 아버지가 불의의 사고로 죽고(10. 26, 79/87년) 동생들도 목소리를 높이게 되었습니다. 어찌 형만 계란을 먹을 수가 있냐고,

그래서 이제 수적으로 우세인 동생들도 씨암탉에서 나오는 계란과 그로부터 나오는 수입을 마음껏 이용하게 되었고 급기야는 계란만으로는 성에 안차 씨암탉도 몇 마리 잡아먹었습니다(90년대 초 임금상승).

어차피 늙은 씨암탉(저임금-수출산업)이긴 했습니다만. 이제 집안의 가장이 된 만형은 동생들도 잘 먹여야 했기 때문에 더 많은 계란이 필요하다는 것을 깨닫게 되었습니다. 그래서 새로 산 씨암탉에게 많은 모이를 주기 시작했습니다(부채비율 증가, 중복투자). 또한 오골계(烏骨鷄) 같은 새로운 품종도 빚을 내서 들여왔습니다.(신규업종진출: 삼성자동차, 기아특수강, 한보특수강 등)

그런데 이 씨암탉들이 알을 더 낳기는커녕 영양과다에 따른 비만으로 쓰러져 죽는 사태가 벌어졌습니다. 오골계 같은 새로운 품종도 길러본 경험이 없어서 그만 비실비실하게 만들었습니다. 거기다가 몇몇 닭은 병까지 들었습니다(1997년 기아, 한보 위기 등). 이 사실을 안 동네 빚쟁이들이 돈 돌려 달라고 난리가 났습니다(외환위기).

잘못하면 오래 살던 동네에서 쫓겨날 사태로 번지자, 어머니가 동네에서 제일 돈이 많다는 어떤 집(IMF)에 돈을 빌리러 갔는데, 그 집에서 와서 하는 말이, '닭을 잘못 길렀구먼, 우리가 시키는 대로 안하면 돈을 못 빌려 주겠어요'라면서 '이 닭 저 닭 다 병들었으니 죽이라'는 것이었습니다.(IMF에 의한 고금리 정책 및 일방적 구조조정 정책). 그래서 일부는 건강한데도 어쩔 수 없이 죽여야 됐고, 나머지 살아남은 닭들의 일부도 헐값에 팔아야만 했습니다.(국부유출). 돈이 없어 모이도 변변히 주지 못하게 주니 일부 힘센 닭이 모이를 독차지했습니다.(소수재벌의 성장).

너무 욕심을 부린 닭들은 죽고 말았지만(대우, 현대건설) 그래도 살아남은 힘센 암탉들(삼성, 현대차, LG)은 알을 잘 낳지만, 전 식구 생계를 책임지는 데는 한계가 있었지요. 더구나 어머니가 진 빚은 엄청나게 불어난 상태였습니다(공공부채).

그 상황에서 몇몇 부실한 닭(부실했던 사양업종 중소기업 및 대기업)을 어머니(정부-김대중)는 정성스레 길러서 어느 정도 건강하게 되돌려놓았습니다. 그런데 몇몇 철없는 동생들(노조)이 배고파서 이제는 더 이상 못 참겠다고 합니다. 그러면서 암탉이 낳은 알을 몰래 훔쳐먹기도 하고, 심지어는 잡아먹게 해달라고까지 합니다. 하지만 너무 어린 막내 동생(청년실업/비정규직/비노조 노동자)은 그러지도 못하고 그냥 굶기만 하고 있습니다.

맏형(재벌-전경련)은 '너네가 계란 심지어는 씨암탉까지 잡아먹어 버려서 막내 동생에 주려고 해도 줄게 없다. 좀 작작해라'라고 말하지만 자기도 과거에 혼자만 닭고기를 맛있게 먹었던 적이 있고 몰래 계란을 먹은 적도 있고 집안에 곤란을 초래한 것도 본인이라 동생들에게 전혀 권위가 서지 않습니다. 오히려 동생들에게 자꾸 그러면 건강한 암탉을 데리고 자기 혼자 분가해서 다른 동네 가서 살겠다고 뻔뻔스럽게 위협만 합니다(해외이전).

동생들도 워낙 오랫동안 배고프다 보니 스스로 자제할 수가 없습니다. 더구나 먹을 수 있을 때 안 먹으면 다음에는 형 때문에 못 먹는다는 생각이 드니 말입니다. 맏형과 동생들 사이에 쌓인 갈등의 골은 너무나 깊어서 화해가 쉽지가 않습니다.

그런데 이런 아들들을 꾸짖거나 화해시켜야 하는 어머니(정부-노무현)는 그런 상황에서 도대체 누가 옳은지 알 수가 없습니다. 권위적이었던 아버지와 달리 인자하기만 한 어머니는 인자함의 도가 지나쳐서 그런지 그저 가정의 화목만 막연히 빌고 무대책으로 있을 따름입니다. 어떻게 하면 가족이 화목해질 수 있을지, 다 함께 잘 살 수 있을지에 대한 생각이 전혀 없을 뿐 아니라 그렇게 만들 능력도 없는 것처럼 보입니다. 그냥 아들들의 의견을 다 들어주면 될 거라고 믿는 것도 같습니다. 동생들이 계란과 씨암탉을 모두 먹겠다고 하면 오냐오냐 그래라 합니다. 다른 한편으로 경제권을 쥔 맏아들이 밖으로 나가 따로 살림을 차려 혼자 살겠다고 할까봐 눈치를 봅니다.

아들들을 꾸짖지도 않고 화해시키지도 못하니, 남은 빈방에 사람을 월세로 들이려고 해도(외국기업유치) 집안의 불화가 온통 소문이 나서 아무도 들어오려고 하지 않습니다. 가정의 화목의 기미는 보이지 않고 분란만 일어나니, 동생들은 곧 있으면 계란 뿐 아니라 몇 마리 남지 않은 목숨과도 같은 씨암탉까지 몽땅 잡아먹을 태세이고, 맏아들은 몰래 계란과 씨암탉을 빼돌리거나 어디론가 도망칠 궁리만 하고 있습니다. 그리고 한편 차가운 그늘에서 막내 동생은 영양실조로 시들어가며 고통 받고 있습니다.

현 한국경제의 닭장에는 아직도 적지 않은 닭들이 남아 있는데, 몇 마리는 건강한 알을 잘 낳고 있지만, 늙어서 폐기해야 할 닭, 병든 닭, 알을 낳지 못하는 닭, 먹이만 축내고 성장하지 않는 닭뿐입니다. 어미닭으로 커야할 병아리가 없는 것도 이 닭장을 오래지 않아 철거해야 하는 원인입니다. 닭장을 철거해야할 처지가 되면 쓸만한 씨암닭을 모두 시장에 내다 팔아야 할 것입니다. 절대로 팔아서는 아니 되는 씨암닭을 시장에 파는 것은 절망입니다. 자기의 닭장이 없어지고 보면 남의 집 닭장을 거지처럼 기웃거릴 것이고, 배가 고프니 산으로 뿔뿔이 흩어져 풀뿌리나 캐고, 물로 배를 채울 수밖에 없을 것입니다.

어디선가 들은 얘기에 따르면 천국과 지옥 둘 다 똑같이 쾌적한 환경이라는 것입니다. 유일한 차이는 천국과 지옥에서는 숟가락이 팔꿈치에 붙어있다는 것입니다. 사람은 절대로 자기 팔꿈치를 혀로 핥을 수 없다고 합니다. 거기에 붙어있는 숟가락으로 밥을 먹는다는 건 어림도 없습니다. 그래서 천국과 지옥의 차이는 식사시간에 드러난다고 합니다. 천국에서는 서로가 서로에게 밥을 먹여주는데, 지옥에서는 자기 욕심에 제각기 밥을 먹으려고 해도 먹을 수가 없습니다. 그래서 지옥에 있는 영혼들은 항상 배가 고프다고 합니다. 한국도 이와 비슷합니다. 혹은 자기 욕심 때문에, 하지만 보다 더 중요하게는 권위주의 부패정치와 분배의 불평등으로 점철된 그간의 역사로 인해 생긴 서로간의 불신 때문에, 서로 간에 자기가 먼저 상대방에게 밥을 떠 먹여줘도 상대방이 자기에게 밥을 떠 먹여주지 않을 거라는 상당히 근거 있는 불신 때문에 한국도 모두가 배고픈 지옥이 되어가고 있습니다.

이러한 혼탁한 사회에 매년 첫발을 내딛는 꽃 같은 젊은이 70여만 명은 오랜 시간 동안 정성을 들여 길러낸 우리의 꿈나무입니다. 70여만 명의 젊은이들에게 일자리를 줄 수 없는 상황은 오늘날 한국의 비극이요 미래의 한국에 대한 절망의 서곡입니다. 젊은이들이 할 수 있는 일은 단순 노동으로만 가능한 서비스분야일 뿐이고 힘깨나 쓴다하면 조직폭력배밖에 될 수 없으니 필자는 우리 젊은이들이 너무 너무 불쌍하기 만하여 눈물이 납니다. 마음으로라도 이 젊은이들에 대하여 생각해 본적이 있으십니까? 사랑이 없는 세상은 사막이 됩니다. 종국에는 우리 모두가 죽음과도 같은 황폐한 그 사막에 살게될 것입니다.

사막화 되어가는 이 사회에 한 그루 사랑의 열매가 열리는 나무를 심어야 합니다. 한국의 정책입안자들은 땜질식 방안 모색에 익숙해 있고 또한 많은 사람들이 한국경제의 건강상태를 매우 좋은 것으로 착각하고 있는 점도 큰 문제 중의 하나입니다.

그러한 가운데서 적절한 정책을 수립하여 실천하려는 의지는 전혀 없고, 자유방임의 상태로 지금 한국경제는 정처 없이 떠내려가고 있음은 매우 안타까운 일이 아닐 수 없습니다.

몇 품목을 제외하면 한국경제는 매우 허약한 상태로 빈사상태를 헤매고 있음을 정책당국은 전혀 모르는 것인지 숨기는 것인지 알 수가 없습니다. 알고 있다면 지금이라도 용기를 내어 알려주고, 몰랐다면 지금이라도 그에 대한 장기적 치유처방으로 이 나라를 살려야 하지 않겠습니까? 암에 걸려 시한부 인생을 살아야 하는 환자에게 의사가 환자의 상태를 솔직히 얘기해 주는 것은 히포크라테스의 정신에 의한 의사로서의 사명을 다하는 일인 것과 같이, 국가의 경영을 책임진 당국자는 성실한 관리자의 자세로서 한국경제, 사회의 모든 상황을 스스로 확인 분석하여 객관적 결론을 도출하고 이에 대한 대처방안을 마련하여 즉시 실천에 옮겨야 합니다. 한국경제가 유기체로서의 생명을 상실하여 객관적으로 시체로서 확인되어 사망진단서를 발급해야 하는 시점에 근접해 가고 있지 않나 하는 두려움을 갖고 있습니다.

필자는 6-70년대에 섬유류 수출에 종사하여 꽃 같은 젊음을 다 바쳐서 많은 외화를 벌어드려 한국경제발전에 미력하나마 힘을 보탰던 사람들 중의 한 사람입니다. 따라서 한국경제 재건에 일조한 긍지와 보람을 갖고 살아왔는데 이제는 그 모든 것이 물거품으로 돌아가는 이 시점에서 매우 허탈하고 안타까운 심정은 마치 어둠의 장막이 서서히 내리려는 황혼 무렵의 핏빛노을을 바라보며 울부짖는 어느 드라마의 무대를 바라보는 느낌입니다.

그렇게 일시적으로 화려했던 한국경제 성장의 드라마는 서서히 막을 내리고 있는 것입니다. 그러나 관객들은 다음에 막이 오를 희망찬 낙원의 드라마를 기대하지만, 그러한 드라마를 기획, 연출할 사람도 없고 유능한 배우도 없습니다.

희망은 절망의 현실을 극복할 수 있는 힘이며 보람찬 내일에 대한 기대입니다. 현재의 상황이 그리 비극적이지는 않더라도 우리에게 내일의 희망이 없다면 우리는 이미 절망 속에 있는 것입니다. 남미와 같은 유형의 '경제파탄'이 문 앞에 서서 문을 두드리고 있는데도 무대책으로 태평성대를 누리고 있으니 한심한 일입니다.

이미 십 수 년 전에 '경제파탄'이라는 이름의 옥동자를 잉태하여 이제 그 출산을 눈앞에 두고 산모의 진통은 이미 시작되었습니다. 이것은 선량한 국민들에게 뼈가 으스러지는 아픈 교훈이 될 것이고, 돌이킬 수 없는 역사의 한 페이지로 기록될 것으로 보입니다. 이미 돌아올 수 없는 다리를 건넜기 때문에 우리국민은 큰 고통에 시달릴 것이니 참으로 안타까운 일입니다. 이러한 결과를 초래한 것은 낭비와 과소비도 한 몫을 하였으니 이번에 닥쳐오는 이 심한 불황의 깊은 절망의 늪에서 우리 국민들은 깊이 자성해야 할 것입니다.

한국에는 각 나라에서 많은 공부를 하고 박사학위를 취득한 수많은 경제학자가 있고, 수많은 엘리트가 숲을 이루는 이 정부의 어느 누구도 깨어 있지 아니하고 모두 진시황의 아방궁 같은 단꿈을 꾸면서 화려한 높은 누각에서 달콤한 잠에 취해 있으니 매우 통탄할 일이 아닐 수 없습니다.

현 정부는 너무 많은 숙제와 난제를 안고 있습니다. 화목하고 서로 합리적으로 타협-양보하는 노사관계, 그리고 생산적 기업체가 절대적으로 보호 육성되는 분위기와 정책이 없이는 어느 나라도 한국에 투자를 하지 않을 것입니다.

그런데 요즈음 소위 잘 나고 똑똑한 사람들은 우리나라와 같은 곳에서 골치 아프게 기업을 경영하려 하지 않는다는 사실을 당국자는 알고 있는지 모르겠습니다. 여기에 문제가 있습니다.

기업을 창업하여 많은 고용을 창출해야 할 사람들의 재화와 유능한 인력이 아파트 투기를 하고 땅 투기를 하는 수단으로 잘못 오용되고 있는 것입니다. 부동산 사업을 함에 있어서는, 호랑이처럼 무서운 노동조합에 시달리지 않고 당국의 시시콜콜한 시어머니 같은 간섭도 받지 않으니 이 보다 더 좋은 안식처가 어디 있습니까? 이 사회에서 가장 전망이 좋은 사업은 모텔 사업이 분명합니다. 그 이유는 해가 갈수록 이혼 가정이 늘어나니 자연히 시대적 특수를 누리며 번창하겠지요.

모텔이 날로 독버섯처럼, 악성종양처럼 돋아나서 화려한 황금시대를 구가하고서야 이 나라가 어떻게 온전할 수 있단 말입니까? 대낮에 일하지 아니하고 어린 소녀를 돈으로 사는 부도덕한 사회, 호화목욕탕이 점점 늘어가는 세태는 망했던 로마의 역사를 그대로 다시 옮겨 쓰고 있는 것에 다름 아니며, 소돔과 고모라도 이 보다는 훨씬 더 나았을 것입니다. 이 나라를 망치고 있는 원인은 "도덕과 윤리는 책 속에만 갇혀 있고, 가끔씩 학생들의 시험문제에만 등장하기 때뿐입니다". 이 시대에 도덕과 윤리를 얘기하는 사람은 어리석은 사람, 미친 사람으로 취급을 받는다면 너무 과장된 표현일까요? 물질만능, 물질숭배의 바이러스 균이 이 나라를 병들게 하였습니다. 사탕발림식의 대통령의 말 한마디로 한국에 투자하는 어리석은 투자자는 이 세상 어디에도 없습니다. 숲이 좋아야 희망을 노래하는 새가 깃들고, 물이 맑아야 은빛 물고기가 찾아

옵니다. 이 혼탁하고 더러운 물에 싱싱한 물고기가 찾아오리라고 절대로 기대해서는 아니 되고 기대하지도 말아야 합니다.

우리는 먼저 사회의 혼탁하고 오염된 물을 깨끗하게 정화해야 합니다. 그래야 돌아갔던 물고기를 다시 불러올 수 있습니다. 이에 대한 책임은 모든 국민이 져야 할 것이지만 그 중에서도 저를 포함한 교회의 모든 성도들이 그 책임을 져야할 것입니다.

장로가 더 파렴치하고 반도덕적이며 비윤리적이니 말입니다. 성직자가 어린이를 성폭행하는 저주 받은 나라가 되었습니다. 그러고도 어떻게 그 더러운 입으로 신령한 하나님의 말씀을 입에 담을 수 있단 말입니까? 하나님의 심판의 때가 칬습니다. 예수님이 말씀하시기를 "독사의 자식", "양의 탈을 쓴 늑대"라는 말이 떠오릅니다. 교회가 독사와 늑대로 가득한 동물원이 교회가 되었다고 하나님이 질책하신다면 우리는 어떻게 대답해야 합니까?. 그나마 이 나라가 지탱하고 있는 것은 숨어서 눈물로 기도하는 많은 성도가 있기 때문입니다. 이런 예화를 들은 적이 있습니다. 평생을 새벽기도에 참여하는 성도가 새벽에 기도가 끝나고 집으로 돌아오는 도중에 남의 집 울타리에 열린 호박을 무심코 따다가 착한 식구들의 식탁에 올린다는 이야기는 시사하는 바가 많습니다. 믿음의 모양은 있으되 삶이 없다는 예화입니다. 하늘나라에 가면 분명히 하나님이 문 앞에 서서 말씀하시기를 "내가 너른 모른다"고 부인할 것입니다. 매달 십일조에, 감사헌금에, 선교헌금에, 구제헌금에, 특별헌금에 주일헌금까지 내시고도 하나님이 여러분을 모른다고 하시면 너무 억울하지 않으십니까? 이윤이 많이 남는 장사를 하시기 바랍니다. 교회에 많은 물질을 바치고도 천국을 가지 못한다면 이 보다 더 밑지는 장사는 없을 것입니다.

부잣집 문 앞에서 밥상에 흘려진 음식을 간절하게 기다리던 나사로를 아십니까? 그 나사로를 하나님이 사랑하신 것을 아십니까? 가난한 나사로를 왜 하나님이 사랑하셨습니까? 마음이 가난했습니다. 나사로와 같이 되지 아니하면 절대로 천국에 들어가지 못합니다. 부자로 지옥에 가시렵니까 아니면 나사로와 같이 마음이 가난하여 천국을 가시겠습니까? 마음을 비우십시오. 전지전능하신 하나님이 지금 이 순간 여러분의 마음을 투명하게 들여다보고 계십니다. 비밀은 없습니다. 하늘이 알고 땅이 압니다.

지금 여러분의 문 앞에 있는 "나사로"를 대접하지 아니하면 하나님은 "나는 너를 모른다"고 부인하실 것입니다.

땅 투기 아파트 투기는 가난한 사람들을 살인하는 행위임을 왜 모르십니까? 이 땅의 법에 의한 부동산거래는 적법할 수 있어도, 하늘나라의 법으로는 사형으로도 부족한 중죄중의 중죄입니다.

부자가 천국에 들어가는 것은 낙타가 바늘구멍으로 들어가는 것 보다 어렵다고 2천년 전에 예수님이 말씀하셨습니다. 하나님의 아들 딸들이여! 재물은 근심의 시작이요 죄의 씨앗이며 재앙입니다. 사람을 병들게 하는 바이러스입니다.

필자가 알기로는 평생을 다 바쳐서 지은 빌딩을 하늘나라로 옮길 방법이 없고, 소유한 많은 돈을 하늘나라로 송금할 방법이 없습니다. 그 작은 몸으로 어떻게 수십만 톤의 빌딩과 수백 톤의 돈다발을 하늘나라로 옮기시려고 하십니까? 하늘나라로 가는 용달차도 없고, 가는 길도 없습니다. 갖고 가실 수 없는 돈이라면 살아있을 때 나누어주시기 바랍니다.

사람이 하늘나라에 갈 때는 오직 자기 이름만 가지고 갑니다. 사람은 좋은 이름이든 나쁜 이름이든, 오직 이름만이 자기의 소유입니다. 여러분의 묘비에 어떤 이름이 새겨지기를 원하십니까? "평생 더러운 방법으로 많은 돈만 벌면서 이웃을 괴롭히기만 하다가 하나님의 심판으로 죽은 사람을 여기에 묻었다" "이웃을 내 몸 같이 사랑하며 한 시대를 살았던 진실한 사람이 여기에서 천사처럼 승천하여 하늘나라의 품에 안긴 아름다운 곳이다" 예수님의 이름같이 아름다운 이름이 기록되기를 원하십니까? 아니면 가롯 유다와 같은 저주 받은 이름이 기록되기를 원하십니까? 예수를 재판한 빌라도는 그래도 자기의 잘못이나 알았지만, 많은 성직자들이 빌라도 보다 못한 것은 개탄할 일입니다.

2-3년 후에 이 나라가 혹독한 경제파탄과 사회혼란에 직면한다면 주권자 되시는 하나님은 반드시 하나님의 자기 백성들에게 하늘나라의 법으로 책임을 물을 것입니다. 이 글은 하나님이 여러분에게 등기 속달로 보내는 내용증명입니다. 각자가 가지고 있는 모든 소유를 하나님 앞에 내놓고 회개하라는 하나님의 음성이 들리지 않으십니까?

하나님은 우리를 사랑하시기 때문에 우리에게 고통의 아름다운 선물을 준비하고 있습니다. 이스라엘 백성이 얼마나 많이 하나님의 속을 뒤집어놓았습니까?

손에 든 냄새나는 떡, 썩어가는 떡을 놓으시고, 하나님의 영원한 진리의 말씀을 받으라고 재촉하십니다. 늦지 않았습니다. 즉시 그 명령에 순종해야 할 때입니다.

상내를 배려하며, 상내에게 양보하며, 상대를 도와주며, 사랑하는 사회, 도덕과 윤리가 가치관의 저울이 되어 우리들의 양심의 중량을 측정하는 사회가 되어야 합니다. 이기주의적 투쟁은 이 나라를 지옥으로 만들고 있습니다. 천국으로 가시겠습니까? 지옥으로 가시겠습니까?

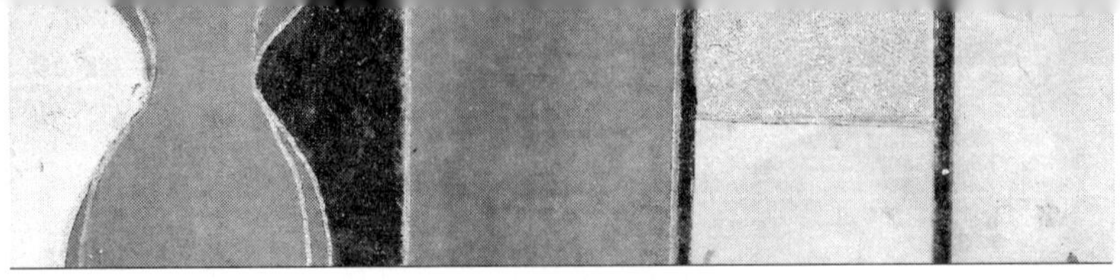

한국사회에 대한 긴급진단

–경제, 사회 파탄의 원인을 중심으로

현재의 좌표를 확인하고 다가올 미래의 상황을 예측하기 위해서는 과거의 역사를 살펴보고 분석함으로써 그 해답을 얻을 수 있다. 즉 결과는 원인에 의하여 얻어진 필연적 결과이기 때문이다. 또한 파악된 현재의 문제에 대한 해결방안은 그 문제 속에 내재되어있기 때문이기도 하다.

한 사람이 세상에 태어나는 것은 우연히 그리고 단순하게 이루어진 일이 아니라 오랜 세월을 이어오면서 살아온 그 집안의 세계와 혈통을 통하여 일어난 필연적 결과이듯이, 오늘날 한국의 경제, 사회의 모든 현상도 그런 맥락에서 그 원인과 필연성을 찾아보아야 할 것이고 그에 상응한 대책을 마련할 수 있을 것이다. 어느 사회에 나타난 현상은 그 구성원인 사회인들의 사고와 행동에 의한 결과이다.

오늘의 극심한 경제 불황은 단순히 경제이론에 근거한 경제정책을 강력하게 펼침으로서 해결이 되지 않는다. 그것은 경제활동을 하는 사람들의 사고와 행동이 경제활동의 방법을 결정하고 행동하기 때문이다. 나타난 경제활동에 문제가 있다면 그 책임은 경제활동을 하는 사람들의 문제이기 때문이다. 넓은 의미에서 경제를 포함한 모든 사회현상은 사회 구성원들의 사고와 그 행동의 결과임은 당연하다 할 것이다.

오늘의 한국이 당면한 큰 위기는 경제 불황과 사회 파탄이다. 이 두 가지 사실이 매우 심각하여 단시일에 치유가 불가능하게 되어있음은 한국의 큰 비극이라 할 수 있다. 이는 전쟁에 버금가는 재앙이라 할만하다.

이런 관점에서 한국의 모든 역사를 논하는 것은 불가능한 일이고 다만 근세사 중에서 조선시대의 대원군 통치시대 이후만 살펴보기로 하겠다.

1. 대원군의 시대

– 조선시대 족보를 불태워라

지도자로서의 훈련도 받지 못했고 통치에 대한 철학이 없었던 강화도령을 왕(철종)에 책봉한 것은 권력을 쥔 세도가들의 의도임이 분명하고, 철종은 별 한 일도 없이 시름시름 앓다가 죽자, 세도가들은 궁리끝에 사람들의 손가락질을 받던 왕실 종친중의 한 사람이었던 대원군의 어린 아들을 왕에 책봉하니 이 분이 파란만장했던, 망해가던 조선시대의 26대 임금인 고종이시다. 그 당시 세도가들이 얼마나 무서웠으면 대원군이 목숨을 보전하려고 멀쩡한 정신으로 미친 짓을 하면서 자기를 철저히 감추고 세도가들의 무서운 칼을 피해 다녔을까? 대원군이 미친 짓을 하면서 보신(保身)하는 처세술을 했기에 그 아들이 왕위에 오를 수 있었다. 그 당시 권력의 핵심은 왕이 아니라 왕실의 외척이었다. 이들이 권력을 독점, 모든 국정을 전횡하고 서민들을 압박, 착취하여 그 사회상이 참으로 입으로 형언할 수 없을 정도로 피폐하였다.

왕실의 종친이면 그 위상이 결코 낮지 아니함에도 대원군이 그렇게 까지 처세를 하지 않을 수 없었으니, 이는 그 시대의 권력의 횡포를 간접적으로 증명하는 셈이다. 고종이 왕위에 오르고 왕비를 간택하게 되었을 때, 외척들의 횡포를 누구보다 잘 알고 있었던 시아버지인 대원군은 왕비가 되는 첫째 조건으로 일가친척이 많지 않으면서 벼슬을 하고 있지 않은 집에서 며느리를 들이고자 하였다. 즉 권력으로부터 외척을 차단하려는 의도였다. 며느리를 간택하는 시점부터 권력의 핵심에 있었던 사람들과 힘겨루기가 시작되었는데, 그 당시 권력자들은 자기들의 권력 연장을 위하여 필사적으로 자기들의 집안에서 왕비가 간택되기를 강력하게 원하였고 그렇게 되기 위하여 목숨을 건 투쟁을 하였으나 이에 밀릴 대원군이 아니었다.

그래서 최종적으로 간택된 왕비가 여흥 민씨 집안의 규수인 명성왕후였다. 처음에는 일가친척이 없는 줄 알았는데 나중에 보니 그게 아니었다. 고종이 나이가 어려 대원군이 섭정을 하게 되었고 대원군은 왕실의 위엄을 되찾고 권력을 다시 거둬들이기 위한 정책을 펴나가기 시작했다. 그 첫째 사업이 경복궁 복원사업이었다. 화려하고 웅장한 궁궐로 왕실의 권위를 세워서 세도가들을 굴복시키려는 의도였다. 그 당시 국가의 재정은 매우 핍절했고 평민들의 생활은 세끼도 제대로 먹을 수 없을 만큼 어려웠던 시대였다. 그리니 국가의 재정이 좋을 리 없었다. 조금씩 들어오는 세금도 탐관오리가 중간에서 착복하고 왕실로 올려보내는 것은 시늉만 내는 정도였으니 말이다.

그런 상황에서 엄청난 역사(役事)를 일으키는 것은 어린아이가 어른을 업고 걸어가는 것에 비유할만하였다. 대원군이 경복궁 役事를 시작하자마자 재정이 바닥이 나서 공사를 중단할 위기에 처하게 되자 당백전을 발행하여 국민들을 다시 착취하였다. 제대로 먹지 못하는 평민들에게서 무슨 피를 더 뽑아낼 수 있었을까? 이것은 살인행위였다. 이런 권력자들의 횡포 때문에 서민들은 더욱 더 권력에의 진입을 동경을 하게 되었고, 벼슬만 하면 재물도 생기고 신분도 상승하니 어떤 방법과 수단을 동원해서라도 그 벼슬길에 오르고자 치열한 싸움을 하게 되었다.

과거급제방법이 아닌 편법으로 관직을 뇌물로 사고파는 지경에 이르렀다. 관직을 뇌물로 산 벼슬아치들은 투자한 돈을 뽑기 위하여 없는 죄를 만들어서 서민들을 괴롭히고 뇌물을 바치도록 강요하였다. 오늘날 많은 한국의 사람들의 의식 속에는 조선시대의 벼슬자리를 동경하여 자기의 아들 손자가 조선시대의 사또에 버금가는 각종 국가고시에 합격하기를 바라면서 좋은 인재를 법과대학에 반 강제로 입학을 시키는 경우를 흔히 목격한다. 21세기에 양복을 입고 살면서 머리 속의 의식은 조선시대의 봉건적 권위주의적 도포자락을 걸치고 있다 할 것이다. 이 시대가 말해주듯이 권력은 바로 돈이라는 인식을 하고 있었고 오늘날에도 그 인식이 변함없이 건재하고 있음은 주지의 사실이다.

수십억의 선거자금을 투입하여 국회의원이 되는 것은 조선시대의 매관매직과 무엇이 다르며(형식이 다를 뿐)선거자금을 많이 쓴 정치인이 쓴 만큼 이상의 돈을 거둬들이려는 것은 인간적인 속성이기도 하다. 조선시대에 좋은 정치인도 더러 있었지만 그 보다는 평민을 괴롭힌 관리들이 대부분이었다.

많은 씨족들이 자기 선조들이 무슨 벼슬을 하였노라고 자랑하는 것은 가문(家門)의 영광을 보여주는 것이 아니라 자기 조상의 치부를 드러내는 것임을 알아야 한다. 조상을 자랑하려고 한다면 그 분이 무슨 관직에 있었는가가 아니라 그 분이 무슨 일을 했는가를 말해야 한다.

오늘날도 돈을 얼마나 갖고 있느냐, 직위가 어디에 있느냐를 따지는 사회이다. 외형으로 평가하는 사고가 한국인에게는 치명적인 가치관이라 할 것이다.

족보가 후손에게 전해짐으로서 조선시대의 생각을 그대로 전하는 역할을 하였고 그로 인한 피해가 현재까지도 크게 미치고 있는 것을 좋은 족보를 가지신 분들께서는 한 번쯤 생각해 보신 적이 있으신지요?

후세대에 악영향을 미친 족보라면 그 존재가치는 이미 상실된 것이며 후세대를 망치게 하는데 기여했다면 마땅히 폐기 처분해야 할 것이다. 자기의 후손에게 족보를 펼쳐 보이며 조상의 벼슬을 자랑하고 자기의 자식 내지는 친척들에게 은근히 마음으로 사법고시에 합격하여 출세해 주기를 바란 적은 없으신지요?

권력에 앉아 호령하는 것이 성공이요 미덕이라는 발상은 한 인간의 지대한 존엄성을 짓밟는 것이다. 고귀한 인간 위에 군림하기를 바라는 마음으로 자기의 후손이 벼슬자리에 나가기를 원하시는 분이 족보를 간직하고 계신다면 그 족보는 악의 뿌리요 저주의 원천이 될 것이다. 후손이 복 받기를 원한다면 족보부터 불사르고 어떻게 사는 것이 사람답게 사는 가를 생각해봐야 한다. 철학이 없는 사람들이여.

지금이야 많이 좋아졌지만 6-70년대에 그 쥐꼬리만도 못한 권력으로 서민들을 얼마나 괴롭혔는가? 심지어는 "한국에는 되는 일도 없고 안 되는 일도 없다"는 말이 지난 시절의 관리들을 가장 정확하게 표현한 말이기도 하였다.

신입사원 시절에 양무(羊毛) 3,000파운드를 출고하기 위하여 수입면장을 가지고 부산의 보세창고에 간 적이 있었는데 세관의 특파관리가 도장을 찍어주지 않는 것이었다. 나 보다 늦게 온 사람도 모두 도장을 받아 가지고 출고를 해가는 데 나의 면장에는 도장을 찍어줄 생각을 않는 것이었다. 회사에서는 물건이 필요하여 어쩔 수 없이 500원을 쥐어주니 도장을 즉시 찍어주는 것이었다.

무슨 좋은 일을 하려고 하면 가급적 안 된다고 예외조항을 들고 나오고, 뇌물을 받고 일을 해주려는 경우에는 다시 그 예외조항을 들고 나오는 것이 과거 한국의 관리들의 실상이었다. 뛰어가는 사람들을 뒤에서 발을 걸어 넘어뜨리는 관리들이 많았던 시절이었다. 조선시대의 관리들과 현재의 정치인들이 갖고 있는 가장 큰 문제점은 도덕성에 있다고 할 것이다. 사람은 인간으로서 반드시 지켜야할 도덕과 윤리를 지키지 않으면 사람으로서 대접을 받을 자격이 없다. 사람이 사람으로서 대접을 받지 못하는 것보다 더 큰 치욕은 없을 것이다.

2. 고종과 명성황후의 시대

– 부패가 가장 살기 좋은 천국

명성황후는 매우 영리한 사람이어서 권력으로부터 대원군을 제거하는데 성공하였고 나름대로 국가의 체면을 다시 살리기 위하여 노력한 것으로 보인다. 권력을 손에 쥔 명성황후는 자기의 친척들을 중용하게 되었고 그들 중에 병조판서 민겸호가 있었다. 군부에서 군인에게 줄 군량미중의 일부를 빼내고 톱밥과 모래를 군량미에 섞었고 斗量도 모자라게 지급하자, 이 군량미를 받은 군인들은 그 울분을 참을 수 없어서 항명하는 사태가 일어났으니 이것이 그 유명한 임오군란이다. 口傳으로 조부에게서 들은 바에 의하여 그 실상이 매우 험한 상황이었고 그 군란을 제압하는 것은 불가능할 정도여서 명성황후는 체면을 무릅쓰고

궁녀의 옷으로 변장을 하고 장호원으로 몰래 피신을 했다고 한다.

한국에서도 군인에게 지급되어야 할 주식(主食, 쌀)과 부식(副食)을 군의 상급자들이 오랜 동안 빼돌린 적이 있었으며 무기를 구입하면서 뇌물을 받는 일을 당연시하는 것이 이 시대의 풍조이다. 율곡사업이 그러하고, 차세대 전폭기 선정과정에서 일어난 일련의 사건들을 보면서 조선시대의 임오군란을 생각나게 한다. 이 또한 도덕성의 결핍에 기인한 것으로 보여 진다. 자기의 권력을 남용하여 자기 몫이 아닌 재물을 자기 것으로 돌려놓는 것은 법의 잣대로도 용납될 수 없고 도덕적으로도 용인될 수 없는 일이다. 그런 행동을 하면서 그런 직위를 자랑하고, 긍지로 삼으면서 대접을 받고져 하는 것을 너무나 당연한 것으로 생각하고 있는 것이 오늘날 한국의 사회상이다.

높은 지위에 있으면서 집 한 채 없다면 병신들의 제일 앞줄에 세우는 것이 현실이다. 원칙과 도덕과 윤리를 애기하는 사람은 인간이 아닌 별종으로 대하는 것이 현 세태이기도하다. 오직 돈만 벌어서 누가 죽든 살든 간에 자기만 배불리 먹고, 싸고, 놀면 되는 것이다. 내가 싸는 똥을 누가 치우건 말건 마냥 어지럽히기만 하는 것이 오늘의 세태이다. 그러니 경제활동도 기본원칙은 "도덕을 무시한다."가 제일 먼저이다. 도덕을 앞세우면 돈이 들어오지 않기 때문이다. 식품에 독극물을 넣고 고춧가루에 톱밥을 넣고, 중량을 속이고, 품질을 속이고, 가짜 어음을 돌려서 물건을 사취하고, 유령회사를 차려서 물건을 구입, 처분하여 돈을 챙긴 후에 도망가고, 이자를 많이 준다고 사람들을 현혹시켜서 돈이 많이 모이면 밤새 모두 챙겨서 외국으로 도망을 가고, 은행장을 대리하여 고객의 돈을 잘 관리하라고 직원에게 권한을 위임하였더니 고객이 맡긴 돈을 가로채서 도망가는 것은 신사적인 범죄요, 사기로 결혼하여 배우자의 금품을 갈취하고, 돈이 된다면 산이고 강이고 마구 파헤치고, 사람의 종류를 가리지 않고 파리, 모기 보다 사람을 쉽게 죽이고, 은행을 터는 것은 식은 죽 먹기요, 관공서를 터는 것은 다반사고, 스승의 머리를 이용사 대신에 학생들이 친절하게 깎아주고, 석사 박사논문도 돈으로 사서 교수가 되니 그 교수 밑에서 배운 학생이야 얼마나 훌륭할꼬. 대신 글을 써주어서 신춘문예에 당선을 시키고, 잡지등에서 신인상을 받게 하고, 원로시인들 중에는 돈 많은 재벌의 마나님에게 시를 팔고 수금도 하는 시인도 있고, 그 매입한 글로 화려한 이름의 문학상을 타는 세상이고 보니 세상 끝 날이 오늘이 아니고 언제일 것인가?

조선시대에 왕실과 인척의 혈연관계를 맺는 것은 바로 권력과 돈의 획득을 의미하는 것이었다. 오늘날은 그 형식이 다소 바뀌어서 돈과 권력이 서로 상부상조하면서 도와주고 밀어주고 지켜주며, 재벌은 재벌끼리, 권력은 권력끼리 인척의 고리와 끈을 연결해 가는 혼인을 하고 있다. 그리하여 판사 검사 신랑감은 고가에 팔려나가고 그것도 좋은 물건은 막대한 금품을 주어도 그리 손쉽게 넣을 수가 없다.

혼인은 가장 중요한 인간대사중의 하나이다. 그런데 배필을 선정함에 있어 그 기준이 권력과 돈에 있다는 것에 문제가 있다. 배필이 될 사람의 사고와 인품은 결코 따지는 것이 아니며 따져서도 안된다. 그런 것을 따지면 뚜쟁이가 미친 사람이라고 한다. 사법고시합격 그 자체가 국가에서 공인하고 보증한 품질표시등급이기 때문이다. 참으로 한심한 세태이다. 사법고시 합격이 돈이 된다면 법무부에서는 사법고시 합격증을 무제한 발급하여 이를 좋아하는 사람들에게 매각하고 그 돈으로 국가재정을 충당하는 것도 세수 확보에 도움이 될 것도 같은 느낌이다. 누이 좋고 매부 좋은 것 아닌가?

그나마 의로운 몇 사람이 있어 이 썩은 기둥을 지탱하고 있으나 힘이 부족한 것이 현실이다.

"난장판, 아수라장"이 이러한 한국사회상을 표현하기에 매우 적절한 언어라고 생각한다면 억지일까요?

3. 일제강점기

27대에 걸쳐서 519년간 이어온 조선의 가문(家門)이 가세(家勢)가 기울자 남의 집안일에 간섭하고 훈수하며 끼어 든 자가 일본이다. 가장(家長)이 잘못하여 가세가 기울어 집안이 망했으니 가장은 그 죄가 막중하여 감옥으로 보내고 아들 딸 손자는 대신 잘 보살펴주겠다고 하면서 자기의 호적에 입적하여 새 가정을 만들었다.

의붓아버지가 되어 들어와서 잘 돌보아 준다고 하던 일본은 본토에서 데리고 온 친자식만 우대하고 의붓자식은 개밥의 도토리였다. 일만 시키고 먹을 것도 주지 않으면서 때리고 구박만 하였다.

그러니 그 의붓자식 중에서 머리가 똘똘한 자는 간도로 가서 새 터를 마련하고 감옥에서 고생하는 아버지를 찾으려고 갖은 투쟁을 하였다. 이 시대는 가장이 없었던 시대로 모든 것에서 질서가 실종된 시기였으니 가정의 체면과 양심을 생각할 겨를이 없는 시대였다. 어떻게 하면 오늘 저녁을 무엇으로 때울 것인가가 가장 큰 문제였던 시기였다. 항시 머릿속에 생각하고 있었던 것이 먹이 생각밖에는 없었던 시대였다.

우리 역사상 가장 가난했던 시기가 일제강점기였다. 필자가 그 시대에 쓴 소설을 보고는 놀란 적이 있었다. 모든 소설의 소재가 '가난' 이었다. 어떻게 하면 가난을 더 처절하게 묘사할 수 있을까 하는 것이 소설이 문학작품으로 성공하는 제일 요건인 듯이 보였다. 다시 말하면 작가들이 가난을 표현함에 있어 치열한 경쟁을 하고 있음을 보았다. 그 가난을 묘사한 소설은 가난을 경험해본 사람이 읽어도 몸서리를 칠 정도이며 사람으로서는 도저히 읽을 수 없는 극한 상황의 표현이었다. 참으로 눈으로 볼 수 없는 소설이 이 시대의 소설이었다.

얼마 전까지만 해도 웃어른을 뵈면 첫인사가 "진지 잡수셨습니까?"였다. 세계 어느 나라의 인사치고 '밥을 먹었느냐?'고 물어보는 인사말은 없는 것으로 안다. 생활이 좋아진 지금은 "진지 잡수셨습니까?"라는 인사말을 쓰는 사람을 볼 수 없고, 사라진지 그리 오래되지도 않았다. 이 인사말이 지난 시대의 사회현상에서 비롯된 것임을 미루어 짐작할 수 있다. 이러한 가난에 대한 두려움과 공포가 오늘날의 사람들에게 직접 간접으로 많은 영향을 준 것으로 보여진다. 또한 도덕 윤리보다도 물질숭배사상의 뿌리를 내리게 한 원인이기도 하다.

우리의 속담 중에 "양반도 먹어야 산다", "수염이 석자라도 먹어야 산다", "금강산도 식후경이다", "사촌이 땅을 사면 배가 아프다"라는 말들이 있는데 이는 사회상의 반영이면서 우리들의 가치판단의 기준을 어디에 두고 있는 가를 보여주는 증거이기도 하며 사람이 추구해야 하는 목표를 제시하기도 하는 말들이다.

4. 불행한 비극의 전쟁 6.25동란

필자는 6.25동란 당시에 시골의 초등학교 2학년이었다. 하루는 어머니가 일요일(6월 25일)이서 교회를 가셨는데, 교회를 가시지 않고 전쟁이 일어났다고 하시면서 집으로 되돌아오셨다. 어린 나이에 무슨 전쟁이 어떻게 일어난 것인지 도무지 알 수가 없었고 어른들이 하시는 대로 따라다니기만 하였다.

전황(戰況)은 지금의 휴전선 쪽에 걸쳐있으면서 남과 북이 일진일퇴(一進一退)의 치열한 공방전을 벌이고 있을 때에 돌아온 초등학교는 책상 걸상 등의 시설물은 하나도 없었고 오직 건물만 있었다. 추운 겨울에 난방시설도 없이 교실 바닥에서 몇 년의 수업을 해야 했다. 국군 아저씨에게 위문편지를 쓰는 것은 큰 일과 중에 하나였고, 그 위문편지를 읽으셨을 군인아저씨는 지금 어디 계신지 궁금하기만 하다.

모든 것이 없어지고 재만 남아 있을 뿐이어서 생명을 이어갈 먹을 것이 전혀 없었던 시대였다. 전후의 이라크 보다 더 심했다고 보면 틀림없을 것이다.

외국의 사람들이 전후(戰後)의 한국을 평하기를 "쓰레기 더미 위에서 절대로 장미꽃은 필 수가 없다"고 할 정도였다.

그러지 않아도 일제강점기에도 가난했었고 거기에다 참혹한 전쟁까지 치렀으니 경제활동은 단순한 경제활동이 아니라 죽느냐 사느냐의 전쟁보다 무서운 적자생존의 전쟁이었다. 생존경쟁이라 함은 이런 경우를 말하는 것으로 생각된다. 또한 많은 가족들이 자식과 부모와 형제와 일가친척을 잃어버리지 않은 집이 없을 정도였으니 많은 가정이 큰 파탄과 근심에 쌓였던 시기였다. 그 큰 상처가 아물기까지 많은 세월을 필요로 하였다.

후에 안 사실이지만 한국의 불행은 미국 소련을 포함한 강대국들의 책임이 절대적이며 이들이 책임을 져야할 문제라고 본다. 우리가 무엇을 잘못했다고 허리를 둘로 잘라놓아 불구자를 만들었으며 그 고통을 지금까지도 감내해야 하는가 말이다. 원천적으로 책임을 따진다면 미국과 소련이 책임을 면할 수 없다고 본다.

그런 극한 상황에서 그래도 우리에게 먹을 것과 입을 것등을 지원해준 나라가 미국이요 우리나라의 경제성장에 크게 기여한 나라가 미국이다. 미국은 미공법(美公法) 제480조에 의거한 농산물원조와 함께 차관 제공 등으로 한국 경제재건의 터전을 닦는데 기여한 공로는 인정해야 한다. 이런 차관으로 들여오는 자본의 배분과정에서 권력의 핵심에 있었던 정객과 관리들의 검은 손이 깊이 관여하기 시작하였고 그것은 재벌탄생의 시작이었으며 부패탄생의 시발점이기도 하였다. 이것은 권력과 재벌 간의 흥정이요 결탁이었다.

이런 특혜에 따른 반대급부로 검은 돈이 권력중심부로 뿌려졌고 그 유명한 삼분사건(三粉事件)이 터지기도 하였다.

삼분사건의 삼분이라 함은 밀가루, 설탕가루, 사카린 세 가지를 말하며, 그 식품의 그 색깔이 희다고 하여 삼백사건(三白事件)이라고도 했다. 그 당시에 설탕공장, 밀가루 공장을 하던 회사가 현재 한국의 재벌이 되어있다. 이 사건은 특혜를 받은 기업이 생산과 판매의 독점이라는 우월적 지위를 이용, 상품을 고의로 출고하지 아니하여 판매가격을 부당하게 높게 인상하여, 서민들의 생명을 위협한 파렴치한 상행위였던 것이다.

조선시대 허생전에서 보면 허생원이 경기 안성(安城)에서 대추를 대량으로 매집하여 가격이 급등한 후에 다시 판 사실이 있는데 허생전의 소행이 비난받아 마땅하지만 전후에 일어났던 三粉事件에 비추어 보면, 대추는 먹지 않아도 사람이 죽지 않으니 그 행위의 성격이 매우 다르다고 볼 수 있다. 12년 이상의 장기집권으로 부패해진 자유당 정권은 권력 연장을 위한 무리수(無理數)를 두게 되었는데 그 것이 그 유명한 1960년의 3.15부정선거였다. 사람들의 머리는 착한 일에는 매우 둔하지만 악(惡)한 일에는 고도의 지능이 작동하여 귀신도 깜짝 놀랄 일들을 꾸미고 자행해온 것을 수 없이 보아왔다. 이 부정선거는 4.19 혁명을 유발하였고 자유당정권은 결국 간판을 내리게 되었다.

5.민주당의 실패와 박정희의 등장

자유당의 정적(政敵)이었던 민주당은 신익희, 조병옥 선생이 주축이 된 정당으로 다수의 좋은 인물들로 포진되어 있었다. 자유당의 퇴장으로 인하여 그 반사이익으로 정권을 인수는 하였으나 각계로부터 터져 나오는 욕구를 충족시킬 수 없었고 민주당내의 신·구파(新·舊派) 간의 심한 갈등과 권력투쟁으로 지루한 정쟁(政爭)으로 해가 뜨고 날이 저물었다. 윤보선 김도연 선생의 구파와 장면 박순천, 곽상훈 선생등의 신파가 크게 대립하던 시절이었다. 나라가 혼란 속에 표류하고 있었고, 박정희 소장은 비밀리에 군사 구테타를 치밀하게 준비하고 있었는데, 이 사실이 권력의 중심부에도 알려졌으나 군부(軍府)를 통솔할 수 없었을 만큼 절대적으로 무능하고 허약했던 정권이었다.

1961년 5월 16일 박정희 소장이 군사 쿠데타를 실질적으로 주도하여 정부기관과 방송국을 접수하고 장도영 중장이 계엄령을 선포하여 계엄사령관이 되었다. 그 해에 필자는 연세대 상경대학에 입학한 신입생이었고 청운의 꿈을 꾸었던 시절이었다. 이후 박정희 소장은 1979년 10월 26일에 박정희 대통령이 서울 궁정동에서 시해되기 까지 18년간을 장기 집권하였다. 박정희 소장은 제일 먼저 부정축재한 기업인을 색출하여 재산을 환수하였고 비리를 저지른 정치인을 응징하였다. 그 후에 경제개발 5개년 계획을 수립하고 수출 드라이브 정책에 첫 시동을 걸었다. 그 경제개발을 주도하는 부처가 경제기획원이었고 인구 억제 정책과 병행하여 국민소득 향상을 위한 정책을 펴나가기 시작하였다. 경제기획원 조사통계국에는 기계식으로 된 IBM 대형컴퓨터가 막 도입되어 인구조사 통계를 착수하였고 1962년에 필자는 경제기획원 최초의 경제활동 인구조사원으로 일하기도 하였다.

그 당시에 몇 개의 회사들이 한국의 경제를 이끌어가고 있었는데, 동일방직, 경성방직, 전남방직, 일신방직, 풍한방직 등의 면방회사, 삼양사, 제일제당, 제일제분, 제일모직, 삼성물산, 현대건설, 천우사 삼호무역 등이 두각을 나타내던 시절이었다.

경제개발계획은 세웠으나 자본이 없어서 실천에 옮길 수 없었던 박정희 정권은 김종필을 내세워 대일청구권 자금 협상을 비밀리에 진행하였다. 이 과정에서 워커힐 의혹사건과 새나라 택시(일본제 택시)에 대한 의혹으로 한 때 나라가 시끄럽기도 하였다. 김종필은 대공작전과 나라의 기강을 확립한다는 목적으로 미국을 본 따서 중앙정보부를 창설하여 초대 중앙정보부장이 되어 권력의 핵심으로 진입하였다. 불법으로 권좌에 오르기는 했어도 박정희 전 대통령은 진실로 사심 없이 국가를 위하여 일을 한 것으로 보여진다. 하지만 권력 연장을 위한 갖가지 불법적인 행위는 별도로 평가되어야 할 것이다.

근자에 대통령을 지낸 사람들 중에는 실로 천문학적인 액수의 재물을 훔쳐서 착복한 사실은 누구나 다 아는 공공연한 비밀이다. 그런 대통령은 실로 매국노요 역적이라 할 수 있다. 그러고도 양심에 가책 하나 없이 사는 것을 보면 정말로 뻔뻔한 인물이다. 어떤 전직 대통령은 법정에서 통장에 29만원밖에 없다고 코미디를 연출하기도 하여 세간의 비난을 받기도 하였다. 어떤 전직 대통령은 살림살이가 궁하다고 하여 몇몇 정치인이 모금하여 3,000만원을 전했더니 돈이 적어서 그랬는지 도로 돌려보냈다고 한다. 돈 많은 것을 숨기려는 의도가 아닌지 의심스럽다.

60년대 초부터 수출을 주도한 품목은 섬유제품이었는데 주요 품목은 직물, 직물 제 드레스 셔츠, 니트 셔츠, 스웨터, 환편의류 등이었다. 이들 섬유제품의 특징은 고용효과의 파급과 함께 관련 산업의 발전을 가져와서 어려웠던 시절에 생활고를 해결하던 주요 품목이기도 하였다. 원료인 원사(방적), 염색공정, 편직공정, 직조공정, 봉제, 부자재, 포장재(box, poly bag, label) 등의 산업을 일으키는 주도적인 역할을 하였다.

이들 섬유류의 최대 성장기는 1970-1980년까지로 볼 수 있다. 그 당시 유명했던 스웨터 수출회사는 한일합섬, 미원산업, 삼성물산, 삼도물산, 동광기업, 삼본물산, 동광통상, 서울통상, 군자산업 등이 있었는데 거의 모든 회사가 도산하여 지금까지 건재한 회사는 손을 꼽을 수 있을 정도이다.

면방으로는 충남방적과 대농이 대형회사로 성장하였고, 니트웨어 회사로는 신성통상, 원림산업, 성도산업 등이 급성장을 하였다. 드레스 셔츠는 단연 대우실업, 협진양행, 한창섬유 등이 톱 랭커였다.

종합상사를 우대하고 지원하는 정부정책에 힘을 얻어, 대우를 비롯하여 삼성, 현대, 럭키금성 등의 종합상사들이 상사로서의 역할을 넘어서 모든 산업부문으로 확장을 거듭, 많은 계열사를 거느리면서 몸집을 키워나갔다. 몸집을 키워나가는데 은행과 정부가 크게 도와주었는데,

부실기업이 발생하면 쌈지 돈을 곁들여 재벌들에게 골고루 나누어주었다. 재벌들은 종업원들의 복지후생과 보다 나은 대우에는 인색하였고 오직 사업확장에만 열을 올렸으며, 무서운 군사독재시절에는 하고 싶은 말 한마디도 할 수 없었던 전두환 정권의 시절도 있었다.

재벌그룹 중에서 현대, 삼성, 대우는 기업성장이 전혀 다른 유형을 갖고 있다. 삼성은 소비재를 중심으로 사업을 펼쳐나갔고, 국가경제발전 보다는 확실하고 안전한 이윤추구에 전념했고, 현대는 개척자적 정신에 입각하여 기간산업 발전에 큰 공헌을 하였다. 소비재를 주로 생산판매한 삼성과는 아주 대조적이다. 대우는 수출 지상주의를 내걸고 전 사원들이 전속력으로 질주한 회사이다. 그러나 모두 백화점 식 경영으로 중소기업 영역까지 사업을 확장한 것은 큰 잘못이었다. 제일제당의 경우를 보면 학교의 급식사업까지 하고 있으니 너무 한다는 생각이 들 정도이다. 현대의 정주영 회장은 한국경제사에 길이 남을 위대한 경영자였다.

한국경제에 큰 공헌을 하고서도 정작 그 공을 몰라주는 회사들이 건설회사이다. 중동의 건설 진출로 많은 외화를 벌어들인 건설회사들은 국내에서 대부분 아파트 건설로 많은 富를 축적하고 그 힘을 바탕으로 하여 중동지역에 진출하였는데 모든 회사들이 적자를 보게 되었고 그 여파로 거의 모든 회사가 문을 닫거나 다른 회사로 흡수되었다. 중동의 건설수출로 인하여 건설회사의 간판만 있어도 70년대 중반에는 증권시장에서는 최고의 대접을 받던 시절도 있었다. 현대건설, 대림산업, 동아건설, 삼환기업, 경남기업, 삼호건설, 신승기업, 신성토건 등 수많은 건설회사 중에서 몇 개의 회사만이 건재하고 모두 간판을 내리고 말았다.

필자가 회사생활을 하던 60-70년대에는 사주의 눈치를 보지 않을 수 없었고 한때는 아침 9시에 출근하여 밤 12시에 퇴근하는 정도였으니 다른 회사의 경우도 이에서 크게 벗어나지는 않았을 것이다. 사주들의 일방적인 경영방식은 그 당시의 사주들이 누리는 횡포였고 특권이었다고 할 수 있다. 이 기간 동안에 강남의 개발이 한창이었고 땅은 바로 富를 축적하는 상징이요 수단으로 인식되었으며 돈만 있으면 부동산을 사는데 열을 올렸다. 강남의 대다수 사람들이 땅 투기를 하여 富를 축적하였으며 기업들도 필요이상의 토지를 매입하여 공장을 건립하였고, 정부에서는 대기업에서 매입한 헐값의 토지의 경제가치를 높여주기 위하여 행정적 도움을 주었던 것이 사실이다. 재벌 치고 많은 땅을 소유하지 않은 재벌이 없다.

공장건설에 필요한 적정 면적을 몇 배, 또는 몇 십 배를 초과하여 부지를 매입하여 공장을 설립하여 가동하고, 공장은 그럭저럭 수지만 맞추면 되고, 공장의 부지(敷地) 값이 상승하여 막대한 자본거래에 의한 이익을 챙길 수 있었다.

또한 몇 년마다 토지를 재평가하여 은행으로부터 신규대출을 지원받아 토지를 매입하여 또 다른 공장을 설립하고, 다시 그 공장의 토지를 재평가하여 다시 대출을 받는 방법으로 많은 공장을 설립할 수 있었던 시절이었다. 새로운 공장을 계속 설립하면서 사세를 확장하여 가는 중에 노동자들은 재벌의 푸대접을 더는 참을 수 없게 되었다. 정부의 시책이 몇 몇 재벌에 집중하여 펼쳐져서 자본의 배분도 재벌에게 집중되었다. 이는 재벌과 권력의 밀착에서 연유된 것이었으며 재벌은 권력의 눈치를 보지 않을 수 없었던 것이다. 중소기업육성은 말로만 이루어졌고, 재벌은 막대한 자본력으로 중소기업을 자신의 머슴정도로 생각하여 예속화 시켜나갔으며, 중소기업의 영역까지도 급속하게 잠식하여 중소기업의 설자리는 없게 되었다. 현 시점에서 중소기업은 거의 모두 사라지고 명맥을 유지하고 있는 중소기업도 곧 숨이 끊길 위기에 놓여있다.

정부의 특혜성 대출에 은행도 적극 협조하였고, 은행의 간부들이 부정대출 시에도 반드시 뇌물을 챙기는 것이 공공연한 비밀이었고, 이 뇌물중의 상당액이 권력의 핵심부로 빨려 들어갔다. 은행 부실의 원천적 책임은 권력에 의한 것이었고 은행도 그 책임을 면할 수 없도록 경영한 것이 사실이다. 그 많은 은행들이 도산되어 해체되었고 급기야는 몇 개의 은행만이 경영의 명맥을 유지하고 있다. 은행 그 자체의 경영의 역사를 살펴보면

그 운명은 자신의 손으로 결정한 것이나 다름이 없다. 그 누구도 은행이 망하리라고 생각한 사람은 아무도 없었다.

6. 노태우 정권의 출현과 경제불황의 잉태

중소기업들 중에서도 사양(斜陽)길로 접어들었던 대다수의 기업들이 80년대 초에 거의 도산이 되었고 자본이 든든하고 생산시설을 현대화한 소수의 기업들이 지금까지 수명을 연장하여 왔는데, 국내 내수 판매를 위주로 하는 중소기업들은 재벌들이 소유한 막강한 유통조직을 동하시 않고는 세품을 팔 수가 없게 되어. 재벌의 눈치를 보지 않을 수 없는 고약한 입장에 처하게 되었다.

다시 말하면 중소기업의 목숨은 대형유통회사인 재벌의 손에 좌지우지되고 있다. 전두환 정권의 정치적 압제로부터 벗어나기 위하여 많은

투사들이 투쟁을 하여 급기야는 노태우 씨의 6.29선언을 얻어냈고 그 기세로 힘을 얻은 노동조합은 노동자의 입장을 대변하며 경영주로부터 많은 것을 챙기기 시작하였다. 한 편으로 노태우 대통령은 후보시절에 공약한 200만 호 아파트 건설을 실천하기 위하여 분당과 일산지역에 대규모 아파트 건설을 착수하였고, 그 결과 급격한 임금 인상과 건축자재의 가격이 급등하여 한국경제의 걸림돌인 고임금의 시대로 접어들게 되었다.

이때에 한국경제의 불황이 잉태되었고, 경제불황의 옥동자를 출산하는 진통이 이제 막 시작되고 있다. 기업들은 노동생산성에 못 미치는 고임금에 시름시름 앓게 되었고 많은 기업들이 적자로부터 헤어날 수가 없게 되었으며 과잉생산시설로 인하여 자금의 흐름이 경색되어 결국에는 IMF로부터 자금을 지원 받아야 하는 망신스러운 상황에까지 이르게 되었다. 이런 경제의 파국에는 국민들의 낭비벽도 크게 일조를 하였다. 결코 외국에서는 볼 수 없는 현상이다.

김대중 정부시절에는 한국경제에 대한 정확한 진단이 이루어지지 않은 상태에서 막대한 공적자금만을 투입하고, 우량기업을 처분하여 외환보유고를 늘려서 외형상으로는 경제위기가 치유되는 듯이 보였지만 응급처치에 의한 약발이 떨어지자 다시금 경제는 추락의 날개를 다시 펴게 되었다. 한국경제의 문제는 소득이 없음에도 은행에서 많은 가계소비금융을 지원하여 일시적으로 소비자의 구매력을 도와주어 중소기업의 제품을 소진하는데 기여는 했으나 이제는 소비를 위한 가계의 지불능력이 바닥나고 보니 가계소비를 위한 상품구매를 할 수 없는 처지가 되었고, 제품의 판매부진은 중소기업의 수익성을 악화시키고 결국에는 기업의 몰락을 가져오는 악순환의 회전의 축에 휘말릴 수밖에 없게 되었다.

날로 기업은 문을 닫게 될 것이고 문을 닫는 기업의 수에 비례하여 일자리는 자연 축소될 것이 명확하다. 매년 60여 만 명의 젊은이들이 새로이 사회로 진출하는데 그 많은 젊은이를 받아줄 일자리는 없고, 일자리가 없는 젊은이는 거리를 방황할 수밖에 없으며, 이런 경제적인 어려움으로 인하여 거의 매일 같이 자살사건, 인질사건, 살인사건, 강도사건이 줄을 잇고 있다. 사건의 건수도 기하급수적으로 늘어가는 이 사회에서 우리가 어떻게 살아갈 수 있단 말인가?

좋은 기업에 종사하는 노동자들은 기업의 경영사정은 아랑곳하지 않고 더 많은 것을 빼앗기 위하여 투쟁만을 일삼고, 노동자의 파업스케줄은 그 일정(日程)이 빡빡하게 짜여 있는 상태이다. 지금은 노동조합이 현실을 정확하게 인식하고 자제를 해야 할 때이다. 오래지 않아 건실한 기업도 도산될 것이 뻔하고 국민은 소득이 없어서 심각한 생활고에 처할 것이 분명하다. 요즈음에 일자리가 없는 젊은이를 보면 눈물이 난다. 매년 사회에 진출하는 그 많은 젊은이들에게 어떻게 일자리를 마련해줄 수 있단 말인가. 계속하여 개인의 소득이 감소하고 실직하는 가장이 늘어난다면 은행으로부터 차입한 대출금에 대한 이자지불도 어려울 것이고, 급기야는 은행에 담보로 제공한 부동산은 자연히 은행의 소유로 전환될 것이다.

은행의 상품은 돈인데, 만일 은행들이 돈 대신 많은 부동산을 소유하게 되면 이는 은행은 은행이 아니라 부동산회사로 전락할 수밖에 없을 것이다. 이 부동산을 처분하려고 해도 수요자는 이를 구입할 자금의 여력도 없지만, 가격이 하락하는 부동산을 사는 바보는 이 세상에 아무도 없을 것이다. 그러므로 부동산가격은 가격하락의 도미노현상으로 급격하게 무너져 내려갈 것으로 보인다.

노동조합은 눈앞에 보이는 조합원들만을 위한 이기주의 투쟁노선을 버려야 한다. 한국의 경제와 사회에서 발생한 모든 문제의 근원은 물질만능을 믿고 오로지 돈만을 추구하기 위해서 도덕적 양심과 윤리를 저버린 결과로 보여진다. 이것은 질서의 파괴요, 질서의 파괴는 바로 혼란을 가져오기 때문이다. 물질숭배는 바로 물질을 인격으로 인식하고, 가난한 선생은 푸대접을 받는 1순위가 되어버려, 교육인적자원부조차도 선생을 일당 잡부정도로 대우하면서 정책을 펴 온 게 사실이다. 이런 선생을 영리한 학생들이 존경할 리 만무하고, 존경하지 않는 선생으로부터 무엇을 배우겠는가?

기능만을 배우고 가르치는 풍토에서 인간성은 중요시하지 않은 것이 실수였다. 그렇게 교육을 받은 사람들은 인간의 존엄성과 가치를 알 리가 만무하고, 그런 인간경시풍조는 많은 강력범죄의 출발점이 되었다.

동물의 세계에서 보면 같은 종족을 살해하는 경우를 본적이 없다. 그리고 새끼를 죽이고 버리는 동물도 없다.

유독 사람만이 새끼를 죽이고 버리고 있는 것이다. 동물보다 못한 사람이 되어가고 있다. 몇 십 만원의 돈을 털기 위하여 사람을 살해한다면 그것은 그 사람이 그 정도의 값어치밖에 안 된다는 논리로도 접근이 가능하다.

강아지 값이 수 백 만원 호가하는 것을 보면 싼 것은 개 값이 아니라 사람값이라 할 것이다.

이 사회가 어디로 가고 있는 것인가? 맹수가 우굴 거리는 밀림 보다 무서운 사회가 되어가고 있다. 닥쳐올 한국경제의 종말을 생각하면 끔찍하기만 하다. 몸서리 쳐질 만큼 두렵기 만하다.

이제 한국경제의 잔치는 끝났다. 어지러운 설거지만 남았다. 우리는 경제 재건을 생각하기 전에 가치관의 기치를 바로 높이 세우고 터전을 올바르게 다져야한다. 그 위에 건강한 한국경제와 사회를 다시 건설해야 한다.

학교 교육의 방향에 관하여

– 우리의 교육, 무엇이 문제인가?

오늘의 사회현상을 보면 어디서부터 손을 대서 고쳐나가야 할지 도무지 대책이 서지 않는다.

매일 같이 자살사건, 살인사건, 강도 강간 등 온갖 강력 범죄로 각 경찰서의 수사과 형사들은 업무처리의 한계를 드러낸 지 이미 오래다. 많은 형사들이 과로로 쓰러져 병원에 실려 가는 일이 다반사고 많은 사람들이 회복이 되지 않고 불구의 몸이 되어가고 있을 정도이다. 이렇게 날로 강력범죄가 기하급수로 증가한다면 거리를 다닐 수 없을 정도까지 갈 수도 있을 것이다. 이런 강력범죄의 실상을 보면 도저히 사람으로서는 범할 수 없는 범죄들이 많다. 사람으로서 할 수 없는 것이라면 이미 사람으로서의 자격과 역할을 상실했다는 증거이다.

요즈음 사람들이 저지르는 일들은 동물의 세계에서도 결코 일어나지 않는 일들인데도 사람들은 이제 아무렇지도 않은 일로 여길 정도로 마음이 강팍해져 가고 있다. 어느 시대를 막론하고 동물들은 절대로 그들의 생활습성이 바뀌지 않고 그대로 유지하여 왔다. 동물은 절대로 같은 종족을 죽이지 않으며(특별한 경우를 제외하고는), 자살하지도 않으며, 자기 새끼를 죽이거나 버리지 않는다. 요즈음엔 사람을 죽이는 일들이 빈번하게 일어나고, 자살하는 사건이 수 없이 일어나고 있으며, 자기 자식을 죽이거나 버리는 일은 아주 흔한 일상사가 된 듯하다.

그러니 요즈음의 사람의 행태는 동물보다 못한 것이 사실이다. 우리의 욕 중에 "개만도 못한 자식"이라는 말이 있는데 이 말은 틀린 말이다. 개들의 세계에서는 "사람보다 못한 자식"이라는 말이 있을 법 하게 되었다. 오히려 사람은 개들에게서 많은 것을 배워야 할 우스운 처지가 되었다.

사람을 사람으로 만들어야 한다.

사람은 사회생활을 통하여 자기를 확인하고 성장하며 살아간다. 따라서 사회생활 속에서 사회에 유용한 인물이 되어야 한다. 이 말은 "사람은 사회에 해로운 인물이 되어서는 아니 된다."는 말이다.

사회생활의 기본원리는 "자기는 자기 자신의 존재를 귀하게 여겨야 하고, 남도 자기와 같이 귀하다"는 인식에서 출발해야 한다. 남을 귀히 여기지 않는데서 모든 문제가 생긴다. 한 사람의 가치를 평가하기는 어렵지만 최소한도 온 천하보다도 귀한 것이다. 이렇게 귀한 사람인 것을 안다면 몇 십 만원, 몇 백 만원에 사람을 죽일 수는 없는 노릇이다.

현 사회의 가장 잘못된 생각은 돈이면 만사형통이라는 가치관이다. 그래서 교육의 풍토가 잘못 조성되었고, 또 그 방향 또한 잘못되었다. 학교 교육의 최종목적을 돈을 버는 데에 두고 있는 듯이 보인다. 그래서 돈이 되는 학과에만 사람이 몰리고 돈이 되지 않는 학과는 파리를 날린다. 그러니 사람을 돈 만드는 기계로 만들고 있다는 비난을 면키 어렵다. 머리에 백과사전 같은 지식만 주입시키고 도덕과 윤리는 전혀 관심도 없고, 천대시 할 정도가 되었다. 도덕과 윤리를 얘기하는 하면,

무슨 공자 맹자 같은 말씀을 하시는가 할 정도다. 이 시대는 공자, 맹자가 사는 시대가 아니라는 것이다. 먹고 마시고 노는 세상이라는 것이다.

돈만 벌어라, 돈만 벌어라, 많이 많이 벌어라. 그것이 시작이요 또 끝이라고 생각하는 사람들이 대부분이다. 돈을 번다는 데만 생각이 미치니 이권에만 눈이 반짝 반짝 밝게 빛나고, 거기에는 철옹성 같은 강한 이기주의가 강력한 성(城)을 쌓고 있는 것이다. 가진 것을 지키기 위한 이기주의, 남의 것을 뺏기 위한 이기주의가 오늘의 대다수의 사람들이 가지고 있는 의식의 뼈대이다. 한 정권이 물러가고 새정권이 들어서면

언제나 터져 나오는 사건이 돈과 관련된 뇌물사건이다. 지금은 액수가 천문학적 숫자가 되었다.

그러한 이기주의자들은 남을 절대로 배려하지 않는 것을 지극히 당연하게 생각한다. 부모도 돈으로 보이고 형제간에도 더 가지려고 법정투쟁을 하고, 부자간에 법정투쟁까지 하는 형국이니 꼴불견이 아닐 수 없다. 하물며 남에 대해서야 말할 나위도 없다. 모든 행동의 지침이 돈과 관련되다 보니 남을 배려한다는 것은 절대로 있을 없는 삶의 철학이 되었다.

박사학위를 가진 아들이 부모의 재산을 빼앗기 위하여 부모를 살해하는 기막힌 일들이 일어나는 것이다. 동물의 세계에서도 새끼가 어미를 죽이는 일은 절대로 없다.

사람에게 있어서 가장 중요한 것은 기쁨을 누리며 사는 것이다. 사람이 매일 근심 속에서 산다면 그것은 지옥이다. 기쁨을 누리며 사는 것이 삶의 보람이며 가치이다. 기쁨을 누리는 것은 남에게 기쁨을 줌으로써 내가 기쁨을 얻는 것이다. 우리가 남에게 기쁨을 주면 그 기쁨이 내

게로 돌아와 나를 기쁘게 하고, 우리가 남에게 근심을 주면, 그 근심은 바로 자신의 근심으로 되돌려 받게 된다.

따라서 내가 행복하려면 남에게 행복을 선사해야 한다. 남을 배려하고, 윗사람을 공경하는 것이 도덕이요, 사회의 규범이다. 그러한 것이 없다면 서로 미워하고 시기하고 해를 끼치게 되어 그 결과 사회를 혼란 속으로 빠뜨리게 되는 것이다. 혼란한 사회 속에 자기가 살게 되면 자기도 자기의 행복을 누릴 수 없는 것이다. 그 피해는 결국 자신이 되돌려 받게 되는 것이다. 따라서 자기의 행복을 위하여 사회의 질서를 지켜야 하고, 그 결과 자기도 그 혜택을 누릴 수 있는 것이다. 오염된 호수에 사는 모든 물고기는 오염된 물을 마실 수밖에 없는 것과 같은 단순한 비유와 같다.

"사람다워야 한다."는 말은 사람과 더불어 사람 속에서 조화를 이루면서 살아가기 위해서는 모든 구성원이 사람다워야 가능하다는 말이다. 즉 사람답지 않은 사람은 사람 속에서 조화를 이루면서 살아갈 수 없다.

조화를 이룬다는 말은 서로의 부족함으로 서로 채워주며, 도와주며, 역할을 분담하며 살아가는 것을 의미한다. 즉 교육의 최종목표는 사회생활에 잘 적응할 수 있도록 인격과 자질을 갖추게 하고 능력을 배양하며 장차 사회생활을 위한 예비적 훈련에 두어야 한다. 이기주의적인 생각과 행동으로는 절대로 사회생활에서 조화를 이룰 수 없으며 오직 사회를 불화의 조직으로 타락하게 하는 요인이 될 뿐이다. 따라서 사회생활에서 이기주의는 절대로 용납될 수 없는 악덕이라 할 수 있다. 이기주의자는 자연히 도태되는 사회가 되어야 한다. 동물보다 못한 사람을 만드는 교육이라면 차라리 학교의 문을 닫고 원시시대로 돌아가는 것이 나을 것이다.

스승의 권위를 높이는 정책을 시행해야 한다

교육에 있어서 스승의 지위는 매우 중요하며 제자에게 있어서 스승은 절대적으로 존중받아야 하며, 그런 분위기 속에서 교육이 이루어질 수 있다. 그러지 아니하고는 교육이 이루어질 수 없다. 학교의 교사는 그런 면에서 다른 직종의 사람들과는 특별히 구별되는 직종이다. 교사는 자질이 우수하고 검증된 자만이 임용될 수 있도록 해야 하며 사회적 신분으로서도 우대 받도록 보장되어야 한다. 교사에 대한 교육은 철저하게 반복적으로 이루어져야 하며 국가정책상 최우선 순위에 교육을 두어야 한다. 물질적 정신적으로 우대해 주도록 정책적인 배려가 있어야 할 것으로 생각한다. 교육이 무너지는 것은 바로 사회의 붕괴를 말한다.

도덕, 사회 등 생활과목을 최우선 과목으로 지도해야 한다.

학교에서 국어, 영어, 수학을 최우선 과목으로 취급하는 것은 대학의 입시사정에서 이들 과목을 우대하기 때문이다. 교육의 목표를 바른 생각, 바른 행동을 하는 사회인을 양성하는데 두고 도덕과 사회과목에 더 비중을 두어 교과과정을 마련해야 한다. 그리고 대학에서도 학생 선발 요강에서 이들 과목을 더 중요시 하도록 해야 초, 중등교육에서도 이를 시행할 수 있으며, 생활기록부에 학생들의 인격형성과 행동을 상세하게 기록하고 지도하도록 해야 할 것이다. 지금의 교육은 지식은 많이 전해주고 있으나, 이 지식을 활용하여 사용하는 지혜의 교육은 전무하다. 지혜를 가르쳐주지 않으면 마치 어린 아이에게 예리한 칼을 쥐어주는 것에 다름 아니다.

한자교육을 강화해야 한다.

과거의 우리 역사와 문화는 모두 한자로 기록되어 전해 내려왔다. 앞으로의 세대들이 한자에 대하여 무지하면 우리의 후대에서는 과거의 역사와 문화와는 단절될 수밖에 없다. 자기 민족의 역사와 문화를 모르는 민족으로 전락할 수밖에 없다. 역사는 오늘의 뿌리이며 오늘을 조명하는 거울이고 미래를 예측하며 설계하는 잣대가 된다. 역사성의 단절은 그 민족의 멸망을 의미한다. 이렇게 생각해 보면 한자교육의 절대적 필요성을 절감하게 된다.

학교 교과 과정에서 한자교육의 비중을 더욱 높여야 할 것으로 생각한다.

학교평준화는 실질적 교육의 평준화가 아닌 모순이며 불합리한 정책이다.

교육은 교육 대상의 자질과 능력이 비슷한 그룹을 대상으로 하여 이루어져야 한다. 서로 다른 수준이 혼합된 교육대상을 교육한다면 이는 어느 부류에만 치우치는 교육을 할 수 밖에 없다. 비약적인 비유일 수도 있겠으나, 원숭이, 코끼리, 곰, 여우 등을 한 우리에 넣고 사육시키는 것에 비유할 수도 있다. 현실적으로 정확한 분류는 어렵다고 하더라도 최소한의 분류로 교육이 가능하도록 해야 어느 정도 교육의 효과를 얻을 수 있다고 본다.

그리고 교육현장에서 학교평준화는 교육의 질을 하향평준화를 초래하고 있으며, 그 결과 치열한 국제경쟁에서 뒤쳐질 수밖에 없게 된다. 이제는 평준화를 철회해야 할 시점이라고 본다. 다양한 사람들을 획일적인 교육방법으로 교육을 한다는 것은 매우 불합리한 사고이며 현실적으로 크게 잘못하고 있는 것이다. 이 문제에 대하여 각계각층의 많은 의견을 수렴하여 현재의 교육상황을 점검하고 이에 대한 신속한 결단을 내려야 할 시점이라고 본다. 대학의 학생선발에서 몇 과목을 위주로 하여 그 다양한 학생들을 단순 점수(별로 중요하지 않은 숫자)로만 평가하여 귀한 인생을 파국으로 몰아가고 있는 것은 큰 잘못이다. 온 천하보다 귀한 개인의 존엄성과 가치를 인간이 만든 하나의 잣대로 평가하는 큰 모순이다.

링컨은 중학교를 입학하지 못한 대통령이었으며, 작고한 정주영씨는 중학교를 다니지 않았어도 역사에 남을 기업인이 되었고 소동파는 대학 졸업장이 없어도 당대의 최고 시인이었다.

입시에 관하여 정부는 관여하지 말아야 한다

학교 특성에 맞추어 학생을 선발해야 한다면 당연히 학생선발 권한을 대학에 돌려줘야 한다. 그리고 수능시험은 그 평가척도가 획일적이어서 다양한 학문의 성격을 감안할 때 좋은 방법이 아니다.

이제는 입시에 관하여 정부는 관여하지 않는 것이 현명하다고 본다.

교육인적자원부는 학교에 대한 간섭을 줄여야 한다.

교육인적자원부는 교사를 선발하고 교육하는 데에 전념해야 한다. 교육에 관한 모든 것을 정부에서 장악하려해서는 아니 된다. 교육인적자원부의 지나친 간섭은 군사독재시절의 행태에 다름 아니다. 군인을 통솔하듯이 교사를 통솔하려 해서는 아니 된다. 교육인적자원부에서 교사를 푸대접하는 인상을 주고 있어 교사들의 사기에도 도움이 되지 않는다. 교육에 관한한 교육자에게 그 모든 권한과 의무를 위양해야 한다. 그리고 우수한 인력이 교육분야에 집중될 수 있도록 정책을 펴나가야 한다.

정부는 현실을 몰라도 너무 모른다

– 지금 4대강 사업을 해야 할 때인가

요즘엔 50년 전의 사회상과 현재의 사회상이 대비되는 영상이 머릿속에서 자주 생겨나서 스쳐간다.

경제적인 측면에서 보면 50년 전에는 모든 물자들이 절대적으로 부족하였으나, 모든 것이 풍족한 현재와 그때를 비교하면 격세지감을 느끼게 한다. 현재의 사회상을 보면 각종 범죄가 끊이지 않고 상상을 초월하는 엽기적 신종 범죄가 새로 등장할 뿐만 아니라, 가정파탄의 문제로 인하여 사회기반이 흔들리고 깨어지는 현상은 안타깝기만 하다. 50년 전에는 비록 물질적 빈곤은 있었지만 이렇게 사회가 타락하고 각종 범죄가 난무하지는 않았었다. 더욱 놀라운 것은 자살사건이 급증하고 그런 증후군이 점점 더 확산일로에 있다는 점이다.

또한 길거리에서 노숙하는 사람들이 모든 공원과 공공장소를 점거하고 있을 뿐만 아니라, 이들의 상당수가 학식을 가진 인테리 계층이며, 질 좋은 노동력을 가지고 있다는 점이다. 물론 50년 전에도 구걸하며 사는 사람이 없지는 않았지만 요즈음 같이 다수의 사람들이 거지행세를 한 적은 없었다. 얼마 전까지 선진국으로 도약한다느니, 2만 달러 국민소득이니 하며 홍보하는 나라가 아니었는가.

현재의 사회면을 평가해 보면 그리 좋게만 평가할 수도 없는 상황이다. 한국의 사회상을 단적으로 살펴보면 사회가 깨어지고, 가정이 깨어지고 있는 것이다.

현재 긴급하게 처리해야 할 과제로는 첫 번째는 최저 빈곤층에 대한 조사와 함께 그에 대한 대책을 수립하고 시행하는 일이요, 두 번째는 교육의 내용을 바꾸어서 바른 인생관을 갖도록 하는 전인교육에 목표를 두고 정책을 펴나가야 한다.

현재 정치상황이 불안하고 풀리지 않는 요인 중의 하나는 앞이 보이지 않는 암담한 현실이 도사리고 있기 때문이기도 하다. 최하계층을 면밀히 조사하고, 그 조사를 토대로 하여 최저생활을 유지해주도록 정부가 나서야 할 것이다. 가정이 깨어지면 그 자녀의 교육도 문제가 되고, 유랑하는 국민들은 또 다시 사회불안을 가중시키는 존재로 부상하기 때문이다. 서두르지 말고 기초부터 차근차근하게 계획을 세워서 장기적인 안목으로 정책을 펴나가야 할 것이다. 현 상황에서 막대한 예산을 들여서 4대강 토목공사를 착수하는 것은 정부가 당면한 사회문제를 모르기 때문이다.

사회가 뒤틀리고 흔들리는 상황에서 '4대강을 살려서 무엇을 하겠다.'는 것인가. 국민이 살고 봐야 할 것이 아닌가. 국민이 없는 나라가 있을 수 있는가. 정부의 첫째 임무는 국민을 잘 돌보는 것이다. 국민을 돌보지 않는 정부는 그 존재의미가 없으며 직무유기라고 할 수 있다. 정부가 현실을 몰라도 너무 모른다. 4대강 토목공사가 경제발전과 국민소득 향상에 결코 도움이 되지 않는다. 단지 토목공사를 영위하는 기업체나 중기회사에게는 큰 도움이 될 것이고, 이는 부의 편중을 부추기는 역할을 할 뿐이다. 공사판에서 날품팔이 노동자들에게 떨어지는 부스러기 돈 몇 푼이 무슨 가정경제와 국민소득향상에 도움이 된다는 말인가?

그렇게 많은 인재가 많은 외화를 들여서 공부를 했고, 인재가 넘쳐난다고 하는데, 이 간단한 사회 경제문제에 대하여 완급을 모르고 헛다리만 짚고 있으니 답답하기만 하다.

또한 교육문제만 하더라도 그 간단한 '인간교육' 문제를 빠뜨리고 교육을 하고 있다는 것 자체도 우스운 일이요 한심한 일이다. 교육은 사람을 사람답게 만드는 것인데, 인간을 마치 지식을 넣은 컴퓨터로 만들고 있다. 오늘날 모든 사회 경제의 병폐가 잘못된 교육으로 비롯된 것임을 깨달아야 하고, 그 대책을 세워야 한다. 지금과 같은 상황으로 나아간다면 조만간에 한국사회는 사람이 살기 어려운 무서운 나라가 될 것이 뻔하다.

우리는 헛그림과 같은 환상에 젖어있고 그 환상에 젖어 우리가 무슨 선진국 대열에 서서 온 세계의 질서를 좌지우지하는 위대한 나라로 착각하고 있는 듯하다. 유럽의 어느 나라는 한 때 가장 잘 나가던 나라였다. 세계 각처에서 좋은 것은 다 가져다가 먹고 마시고 즐겨왔다. 하지만 지금은 변변한 공장하나 없는 나라가 되어 있다. 모두가 함께 다 같이 잘 살아야 하는 것이 세상의 이치이다. 어느 호수가 유독 물질로 오염이 되어있다면 그 호수에 사는 물고기는 모두 죽을 수밖에 없을 것이다. 이와 같이 유독가스로 가득 찬 사회에서 모든 사람은 질식해서 죽을 수밖에 없는 것은 자명한 일이요 필연적 결과일 것이다.

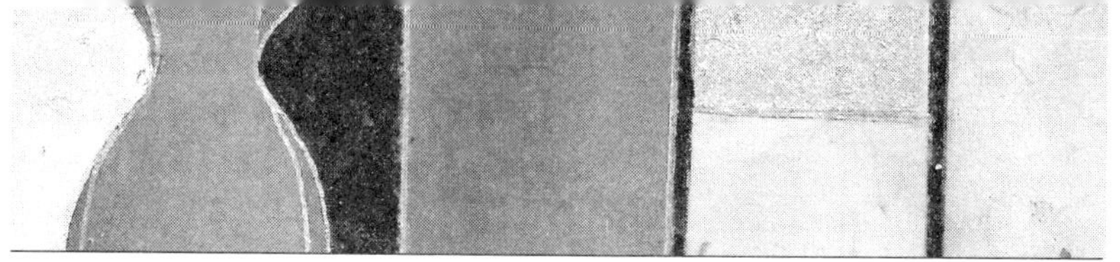

가장 큰 낭비에 대하여

언제부턴가 한국에서는 모든 부문에 걸쳐서 눈살을 찌푸리게 하는 낭비의 모습들이 많이 보입니다. 먼 옛날의 과거로 올라가지 않더라도 1930년대에 발표된 소설을 보면 대부분의 소재가 가난한 삶이었습니다. 어떻게 하면 간난을 더 실감나게 표현할 것인가에 초점이 맞춰져 있었습니다. 6.25동란 이후에 이 땅에 사는 모든 사람들이 절대적 빈곤에 허덕이며 살았습니다. 1960년대 후반부터 시작된 수출드라이브 정책에 힘입어 이제는 삶의 기초를 닦아놓았다고 할 수 있습니다.

현재 우리 눈에 가시적으로 들어오는 가장 큰 낭비 중의 하나는 건축물입니다. 우리나라의 건축물의 내용 연수는 외국과 비교하여 턱없이 짧습니다. 외국의 주택은 3-400년을 사용하지만 우리나라는 그 기간 동안 10번을 허물고 10번을 지을 것입니다. 이 얼마나 엄청난 낭비입니까. 작은 것들을 살펴보면 입을만한 옷가지들을 버리고, 많은 음식물 쓰레기를 만드는 것도 빼놓을 수 없는 낭비입니다.

하지만 이런 것들보다 더 큰 낭비가 있으니, 그 것은 인생을 낭비하는 일입니다. 다시 말해서 인생을 잘못 산다는 말입니다. 인생을 거의 다 살고 난 다음, 죽을 날이 얼마 남지 않았을 때에 사람들은 그제사 인생을 사는 법을 터득합니다. 이 얼마나 아이러니한 일입니까. 그러니 가장 시급하고 중요한 것은 인생을 낭비하지 않는 것이요, 인생을 어떻게 살아야 할 것인가를 먼저 알아야 하는 것입니다.

여러분들의 생각은 어떠십니까. 우리가 바라거니와 사람들은 행복을 추구한다고 합니다. 행복이 무엇입니까? 돈이 많으면 행복합니까? 권좌에 앉으면 행복합니까? 우리나라의 대통령을 지낸 분들이 행복했습니까? 이승만 박사는 하와이로 쫓겨 가서 죽었고, 박정희 전 대통령은 총에 맞아 죽었고, 노무현 전 대통령은 자살하였고, 김영삼, 김대중, 전두환, 노태우씨 등이 행복했습니까? 이병철 전 삼성그룹 회장은 많은 재산을 가졌었는데 행복했습니까? 행복은 이 세상에 어떤 것을 쌓거나 쟁취하는 것이 아닙니다.

행복은 기쁨을 누리는 시간이 길어질 때에 얻어집니다. 기쁨은 무엇입니까? 어디로부터 옵니까? 기쁨은 자기가 좋아하는 일들을 통해서 얻어집니다. 글을 쓰는 일, 새를 탐구하고 연구하는 일, 노래를 부르는 일, 그림을 그리는 일, 노래를 만드는 일 등, 자기가 좋아하는 일을 하고, 그 일을 통해서 기쁨을 얻을 때, 우리는 행복해집니다.

그런 행복을 추구하기 전에 우리는 먼저 우리 자신에 대해서 확실히 알아야 합니다. 인간은 소유하고저 하는 본능이 있습니다. 하지만 인간은 이 세상의 어느 것도 소유할 수 없습니다.

터럭만큼도 결코 가져갈 수 없습니다. 그럼에도 불구하고 사람들은 이 세상의 것들을 자기 수중에 넣으려고 하는 일에 열심입니다. 많이 가져서 어떻게 하겠다는 것인지요.

예를 들겠습니다. 두 사람이 있었습니다. 한 사람은 경제적으로 유능하여 많은 재물을 취득했습니다. 그 재산이 1,000억은 족히 되었습니다. 한 사람은 평범한 사람으로 별로 가진 재산은 없었습니다. 하지만 평소에 어려운 이웃을 위하여 자기의 물질을 많이 사용하고 돌보아주었습니다. 1,000억을 가졌던 사람은 그 돈을 쓰지도 않고 그대로 통장에 넣어두고는 죽었습니다. 이 두 사람의 삶에 대하여 여러분은 어떻게 생각하십니까. 어느 사람이 인생을 잘 살았습니까?

죽었을 때에 울어줄 사람이 없는 사람이 가장 불쌍한 사람입니다. 1,000억을 가졌던 욕심쟁이에게는 아마도 울어줄 사람이 없을 것입니다. 하지만 평범했던 사람은 많은 사람들이 와서 울었을 것입니다.

여러분은 이 두 사람 중에 어느 사람이 되고 싶습니까? 여러분들이 이 세상에서 출세를 하고 싶다면 많은 책을 읽으면 될 것입니다. 1,000권쯤 읽으면 한국에서는 알아주는 인물이 될 것이고, 3,000권쯤 읽으면 세계적으로 알아주는 인물이 될 것입니다.

'Boys be ambitious!'란 말이 있습니다. 여러분 이 시간에 마음에 꿈을 심으십시오. 그 꿈의 씨앗은 작아 보이지만 그 씨앗은 후에 큰 고목으로 자랄 것입니다.

책을 읽으십시오. 도전하십시오. 꿈을 심으십시오.

이룰 것입니다.

기쁨과 생명의 축제를 마치고

2003년 4월 20-22일에 하나님의 계획하심에 따라 경기 일산 대화동에 있는 남산교회에서 베풀어진 하늘나라의 잔치 “기쁨과 생명의 축제”에 초대되어 큰 기쁨과 감동을 받았다.

말씀을 선포하신 남윤정 집사님과 김복남 전도사님이 남산교회에 살아있는“한 알의 겨자씨”를 심고 가셨다고 확신한다. 이 겨자씨가 하나의 큰 나무로 성장하리라고 믿어 의심치 않는다.

두 분의 삶이 하나님의 말씀으로 변화되어 하나님의 평강과 기쁨으로 넘쳤으며 하나님을 뜨겁게 사랑하고 있었음을 보았다. 그 징표를 보고 들음으로 나는 변화되었다.

인간에게 있어서 가장 중요한 것은 죄의 문제를 해결하는 것인데 이 문제를 해결하는 오직 하나의 열쇠는 예수 그리스도의 보혈의 공로라는 것을 다시 확인하는 자리였다. 죄의 문제를 해결하지 아니하고는 우리가 평화를 누릴 수 없고 기쁨을 누릴 수가 없다. 다시 말하면 행복해질 수가 없다는 것이다.

인간이 가장 열망하고 바라는 것이 행복인데 물질로서 행복을 살 수 있다고 믿는 것이 우리들의 어리석은 생각이었다. 하나님의 말씀 안에서 우리가 만족하고 자유를 누리는 것이 행복이다. 우리가 흔히 말하는 축복을 재물이나 명예나 권세로 생각하기 쉬운데 하나님이 우리에게 주시는 복은 하나님의 말씀을 순종하며 사는 삶이다.

시편 1편 1-2에서 "복 있는 사람은 악인의 꾀를 좇지 아니하며 죄인의 길에 서지 아니하며 오만한 자의 자리에 앉지 아니하고 오직 여호와의 말씀을 주야로 묵상하는 자로다" 하나님은 말씀 하셨다.

오직 여호와의 말씀을 주야로 묵상하는 자가 복이 있는 사람이다. 그러한 경지에 들어가기 위하여는 하나님의 비밀한 계획과 인도하심이 언제나 따른다는 사실이다

애굽에서 이스라엘 백성을 이끌어내시어 가나안 땅에 들어가기까지 40년 동안을 광야에서 훈련을 시키셨고 요셉은 죽음과도 같은 애굽의 지하 감옥에서 훈련을 받았으며 사도바울도 많은 고초를 겪으면서 신앙의 높은 경지에 올라가게 되었으며 예수님은 치욕의 십자가의 형벌을 받음으로 가장 아름다운 이름과 함께 하늘의 권세를 얻으셨다. 이와 같이 두 분의 강사님도 큰 고통과 시련을 겪는 축복을 하나님께서 예비하셨었다. 무쇠가 뜨거운 풀무불을 통과하지 아니하고는 정금으로 태어날 수 없듯이 우리에게 닥쳐오는 시련과 고난은 하나님의 계획된 축복의 프로그램이라는 사실이다. 그러한 시험을 통과하여야 참으로 살아계신 하나님의 말씀을 주야로 묵상할 수 있게 된다.

전도서 7-1에서 하나님이 말씀하시기를 "아름다운 이름이 값진 기름보다 낫고 죽는 날이 출생하는 날보다 나으며" 라고 하셨다. 이 세상에서 우리가 바라는 소망은 "아름다운 이름"이다 예수님은 가상 아름다운 이름을 가지셨다. 그 아름다운 이름은 영원히 죽지 않는 영생의 이름이다. 예수님은 이 세상에서 33년을 사셨지만 2000년을 살아오고 계시며 아브라함과 모세와 사도바울이 지금까지 살아오고 있음을 우리

가 알고 있다.

하나님의 말씀은 세상을 이기는 무기요, 기쁨의 창고요, 생명의 요람이요, 환란 때에 피란처요 영생의 샘물이 용솟음치는 축복의 근원임을 확인할 수 있었다. 60년을 살아오면서 세상에 많은 곳을 다녀봤고 많은 이야기도 들어봤고 찾아봤지만 오직 하나님의 말씀만이 우리의 목마름을 해결하는 생명수요, 우리를 지켜주시는 사랑의 보금자리요 실족하지 않도록 인도하시는 나침반인 것을 믿어 의심치 않는다.

우리는 우리의 육신이 이 세상에서 죽지 않고 영원히 살 것 같은 착각 속에 살고 있다. 우리가 알거니와 여름날 온 천지를 뒤덮으며 용맹을 떨치던 그 '푸르름'이 어느 가을날에 내린 무서리에 사라져 버리는 것을 본다.

인간의 육체는 하나의 들풀과도 같은 약한 존재이다. 우리는 우리 자신을 정확히 알아야 한다. 우리가 우리 자신을 알 때에 우리는 하나님을 만나게 된다. 내 심령을 비우고 그 자리에 예수님을 모셔야 한다. 내 심령을 세상의 것으로 가득 채우고서는 예수님을 모실 자리가 없다. 모셔진 예수님이 나의 주인이 되어야 예수님이 나를 주장하시고 인도하실 수 있다. 예수님이 나를 주장하실 때 나는 비로소 하나님의 말씀을 주야로 묵상하는 복을 누릴 수 있다.

예수님은 바로 복의 근원이시다. 이번 하늘나라의 잔치에서 나는 크게 변화된 기쁨을 맛보았다.

사람의 마음을 사는 사람이 부자다

세상에 존재하는 많은 물상들과 자연현상을 통해서 사람들은 인간의 실존의 문제를 생각해 보는 기회를 갖게 된다. 사람들은 온 세상이 자기 것으로 착각하지만 실제로 자기가 점유하는 공간은 자기의 몸뚱이가 점유하는 공간이 전부이다.

새들은 알을 낳아 양육하는 기간에만 둥지가 필요하고 그 후에는 둥지를 사용하지 않는다. 둥지가 필요 없으니 둥지에 매일 필요도 없고 자유롭게 어디로든 날아다닐 수가 있다. 시베리아 추운지방에서부터 남쪽의 열대지방에 이르기까지 광활한 지역이 새들의 집인 셈이다.

비가 세차게 오던 어느 날 밤, 화장실에 갔더니 작은 창문 유리를 통하여 비를 피해 앉아 있는 새의 형체를 볼 수 있었다. 창문이 뿌연 유리여서 어떤 종류의 새인지는 알 수 없었으나 비둘기보다는 약간 큰 새였던 것으로 기억된다. 그 후에도 몇 번 그런 일이 있었는데, 아침 새벽녘에 일찍 자리를 떠나버리곤 하였다.

그 넓은 하늘을 비상하던 새도 비 오는 밤에는 자기의 몸을 의지할 작은 공간이 필요했던 것이다. 지난밤에 창문에서 밤을 보냈던 새는 날아가 버렸고 그 새가 있던 공간에는 아무 흔적도 남기지 않은 빈 공간뿐이었다. 그 밤에 새가 와서 밤을 지새웠다고 짐작이나 할 수 있을까? 그 일이 있고 난 후에 아래의 시조를 썼다.

비바람 부는 저녁 새 한 마리 찾아와서
처마 끝에 홀로 앉아 어둔 밤을 지새웠네
새처럼 우리네 인생도 잠시 왔다 가는 것을

새가 앉아있던 창문을 다시 본다
앉았던 그림자도 흔적도 없는 자리
투명한 빛만 가득한 끝없는 빛의 둘레

그렇다. 사람도 새와 다를 것이 없다. 내가 거처하는 공간은 내가 살아 있는 동안에는 나의 공간이지만 내가 없을 때에는 아무도 나의 존재에 대하여 기억하거나 알아 줄 사람이 없다.

그러하기에 오늘 내가 만나는 사람이 반갑고 귀하다. 이 넓은 세상에 많은 사람이 살고 있지만 일생동안 한 사람이 만나서 좋은 인연을 맺고 사는 사람은 그 수가 매우 적다. 사람들이 많은 돈을 들여서 토지와 건물을 사지만 결코 자기의 것이 되지 못하나 사람의 마음을 사면 이보다 더 큰 부자는 없다. 사람의 마음을 가장 많이 산 사람은 예수 그리스도와 석가모니 등이다. 그들은 지금까지 많은 사람의 마음을 사들였고 앞으로도 많은 사람의 마음을 사들일 것이다. 무엇으로 사람의 마음을 산 것일까. 그것은 사랑과 진리의 말씀이었다.

눈에 보이지 아니하는 사랑과 진리는 결코 없어지지 아니한다. 자기 소유의 재물로 사랑을 사서 나누어 준다면 이 보다 더 큰 부자는 없을 것이다. 참다운 부자는 손에 쥐고 있는 것을 필요한 사람에게 주는 사람이다. 보이는 것은 변하고 일시적이고 없어지는 것이지만 눈에 보이지 아니하는 것은 영원한 보석과 같다.

내 젊은 날의 잊을 수 없는 사람

1966년 10월에 부산 동래에 본사를 둔 유한방직공업주식회사에 신입사원으로 입사하여 과장대리로 재직하다가 1969년 3월에 새로 신설하여 출범한 스웨터수출을 영위하는 삼본물산주식회사의 관리과장으로 자리를 옮겨서 새로운 도전의 계기를 마련하게 되었었다.

작은 회사여서 모든 부문의 일을 도맡아 해야 하는 입장이어서 일의 양은 그야말로 산더미 같았다. 1971년에 미국 지역이 섬유수출 쿼터지역으로 묶이게 되어서 신설법인으로서는 다른 길을 모색해야 하는 절실한 상황이었다. 아직 쿼터협정이 맺어지지 않은 유럽국가로 조속한 시일 내에 수출을 증대하여 많은 수출실적을 쌓아야 했던 입장이었다.

1971년경에 독일의 Import Hansa Gmbh 한국지사장이었던 Mr. Robert A. Schaudt를 만나게 되었는데 미남형의 외모를 가진 유능한 젊은이였다. 1971년에 결혼한 나는 매일 오후에 조선호텔 지하에 있는 Yesterday 식당으로 불려갔다. 맥주를 좋아하는 Mr. Schaudt는 장화모양의 유리잔에 맥주를 가득 채워서 마셨는데 통금시간이 임박하도록 자리를 뜨지 않을 정도로 주량이 내단하였다. 반도호텔 앞에서 자정이 가까운 시간에 택시를 타고 귀가를 하는 것이 나의 일과였다.

해가 바뀌어 다음해인 1972년 9월에 명동 로얄호텔에서 독일의 수입업자인 Ziemba(Ziemba & Co) 사장을 만나서 첫 trial order로 1,800 dozen(1,000 doz, 500 doz, 300 doz in 3 styles)를 수주하였고 그해 12월에 백만 달러의 스웨터 주문을 받게 되었다. 백만 불짜리 신용장은 섬유수출에서는 볼 수 없는 큰 금액이었다. 다음해인 1973년에 다시 한국을 방문한 Ziemba 사장을 수유리에 있던 나의 집으로 초대하여 저녁을 대접하였다. 큰 아들이 2살 때였는데 매우 귀여워해 주었다. 그해 5월에 독일에 초청을 받아 출국하게 되었는데 중도에 태국의 Pattaya beach에 있는 Pattaya palace hotel에서 만나 난생 처음 호사스런 해변의 휴양지에서 감격스런 즐거운 날들을 Ziemba 사장과 함께 보냈다. 모든 편의를 제공하는 Ziemba 사장의 호의는 일상적인 거래관계를 초월한 수준이었다.

나를 매우 좋아했고 특별히 대접해 주었던 Ziemba 사장은 머리가 매우 명석했던 유태인이었다. 제2차 세계대전에는 폴란드 군인으로 참전하였고 종전 후에는 서방으로 넘어와 불란서에서 공부하고, 졸업 후에 독일 프랑크푸르트에서 섬유류 수입을 하여 많은 축재를 하여 프랑크푸르트 근교에 창고와 사무실을 신축하여 회사의 면모를 잘 갖추고 있었다. 그 당시 홍콩, 대만, 중국, 한국에서 수입하였는데 그 규모가 섬유로서는 대단한 물량이었는데 대략 5000만 달라 정도였을 것으로 추정된다.

그 Ziemba 사장의 배려로 내가 근무하던 삼본물산주식회사는 일약 스웨터업계의 맹주로 떠올라서 5대 상사에 랭크되어 업계의 주목을 받았으며 1976년 EEC 섬유쿼터 배정에서 내가 근무하던 회사가 독일과 베네룩스 3국의 가장 많은 물량을 배정받게 되는 쾌거를 이루었다.

1974년에 Ziemba 사장이 큰 교통사고를 당해서 많은 고통을 받으면서 사업을 해오다가 애석하게도 그 후유증으로 1977년에 세상을 등지고 말았다. 그러고 보니 멀리 있어 문상도 가지 못했고 한 마디 인사도 나누지 못했으니 그 아프고 섭섭한 마음은 지금도 지워지지 않고 있다. 그 후에 여러 경로를 통해서 그 집안의 소식을 알려고 노력하였으나 도저히 알 길이 없었다.

나보다 20년 연배로서 나를 친구 같이, 아들 같이 사랑해 준 Ziemba 사장을 잊을 수가 없다. 교통사고로 Ziemba 사장이 죽어서 자동차 운전에 대한 공포증이 생겼고 자동차 면허를 취득하지 않은 원인이 되기도 하였다. 수많은 사람들을 만났지만 Ziemba 사장 같이 기억력이 특별히 뛰어난 사람을 보지 못했다. 독일에 갈 때마다 선물을 챙겨주던 일들이며 순금 Omega시계를 선물로 전해주고, 우리 아이들의 옷과 신발을 한 보따리씩 사서 안겨주던 그 마음을 지금도 결코 잊을 수가 없다.

이 수필집에 이 글을 올리는 것은 Ziemba 사장을 추모하는 나의 작은 마음의 표시이다.

3부
천사를 만나다

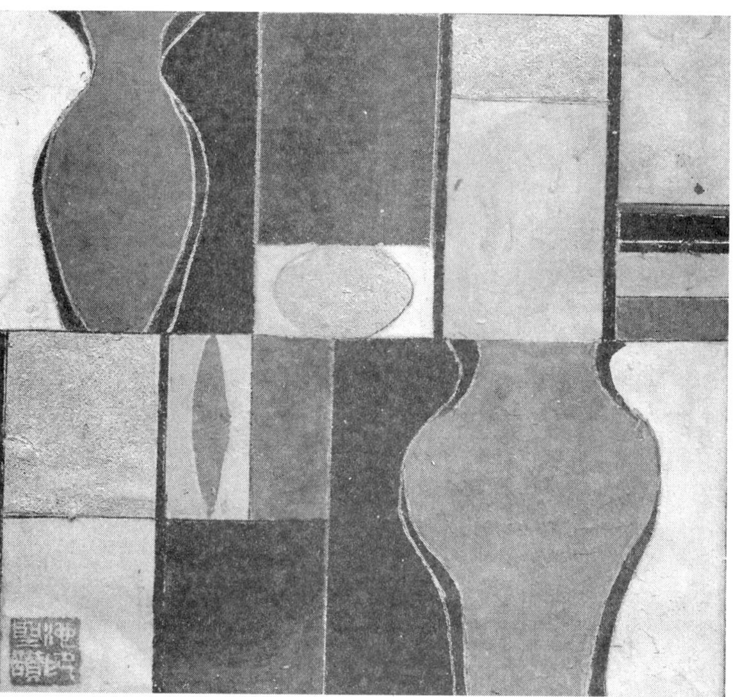

내 자랑스러운 원석에게

낯선 환경에서 잘 지내고 있는지 궁금하구나.

떠날 때에 만나보지 못하여 못내 아쉽기만 하다.

사람이 이 세상에 태어나서 가장 큰 복이 세 가지가 있는데, 그것은 좋은 부모를 만나는 것, 좋은 스승을 만나는 것, 그리고 좋은 동반자(친구나 배우자)를 만나는 것인데 이중에서도 좋은 부모를 만나는 것은 가장 큰 복이라 할 것이다.

원석이는 큰 복을 갖고 태어나서 큰일을 할 수 있는 바탕과 여건을 갖추었고 지금 큰일을 할 수 있는 훈련을 하고 있는 것이다. 이런 연유로 부모님께 감사한 마음을 가져야 하며 잘 공경해야 할 것이다. 성경에서도 "네 부모를 공경하라"는 말씀이 있다. 내가 이런 말을 하지 않아도 너는 부모님을 잘 공경할 것으로 믿는다.

내가 60여년을 살아오면서 깨달은 것이 몇 가지 있어 몇 자 적으려 한다. 흔히 인생의 성공을 말 할 때에 성공은 많은 재물을 모으는 것이나 권좌에 오르거나 명예를 얻는 것이라고 생각하는 것이 일반적인 생각이다. 물론 재물이나 권력이 절대적으로 나쁘다는 것이 아니라 그 것이 목적이 되어서는 아니 된다는 말이다.

나는 잘 못 배워서 인생의 성공을 위에 적은 대로 잘못 인식했던 적이 있었다. 이런 생각이 매우 잘못된 것이었음을 후에 알게 되었다. 학교 교육에서 어느 누구도 가르쳐 주지 않는 것이 이것이라고 할 수 있다.

성공에 대한 해답은 성경에서 명확하게 기록하고 있다. 시편 1편 1-2절에 다음과 같은 말씀이 있다. 이 말씀에서 '복(福)'이라는 것이 바로 성공을 뜻하는 것이다. "복(福) 있는 사람은 악인의 꾀를 좇지 아니하며 죄인의 길에 서지 아니하며, 오만한 자의 자리에 앉지 아니하고 오직 여호와의 율법을 즐거워하여 그 율법을 주야로 묵상하는 자로다." 라고 기록되어 있는데, 이 성경 구절이 네게 잘 이해가 되지 않을 것 같아 더 구체적인 말씀을 하나 더 적겠다.

전도서 7장 1절에 다음과 같은 말씀이 있다. "아름다운 이름이 보배로운 기름보다 낫고."라는 말씀이 있는데, 이 "아름다운 이름"이란 하나님 앞에서의 아름다운 이름을 뜻하고, 보배로운 기름은 "세상적인 재물과 권력, 명예 등을 상징한다. 예를 들면 예수 그리스도, 석가, 헬렌켈러, 카네기, 나이팅게일 등과 같은 사람들이 아름다운 이름 갖고 있는 분들인데, 그 육신은 없어졌으나 그 아름다운 이름은 지금도 살아있다. 예수님은 이 세상에서 33년을 사셨으나 아직까지 2000년을 살아오고 계신 것이다.

아름다운 이름을 갖는 것은 이웃을 사랑하는 생활이다. 사람은 사회적 동물로서 사람 속에서 사람과 더불어 살게 되어 있는 것이다.

일례를 들어 다음과 같은 곳이 있다면 그곳이 지옥이 될 것이다. "어느 외딴 섬에 아주 훌륭하고 아름답게 지어진 집이 있고, 좋은 옷과 음식이 있으며, 많은 금은보화가 있고, 건물과 모든 구축물들은 금, 은, 보석으로 장식되어 있는데, 거기에 어느 누군가 혼자 살고 있다면 그 사람은 행복할 수 있겠는가?" 말이다.

나는 위에 적은 얘기들이 앞으로 찬란하게 펼쳐질 너의 앞날에 귀한 삶의 지침이 되기를 바란다. 다소 힘든 일이 있을지라도 지금 너는 어른에 가까운 나이로서 참고 견디는 훈련도 필요할 것이다. 학교생활이 즐거운 꿈을 잉태하는 인생의 한 과정이라고 생각하면 크게 힘들지는 않을 것이다.

집을 지을 때는 설계도면이 있어야 하는데, 설계가 초가삼간밖에 되지 아니하면 초가삼간 밖에 짓지 못한다. 인생의 아름다운 집을 지을 수 있는 훌륭한 설계도, 즉 꿈을 키워나가기 바란다.

너의 앞날에 하나님이 항상 함께하시고 너를 인도하시고 축복하실 것으로 믿는다. 항상 건강하고 명랑하고 즐거운 학교생활과 좋은 교우관계를 가지면서 좋은 스승을 만나기를 갖기를 바란다.

2001년 10월 21일

큰 아버지 성찬

내 사랑하는 딸 주예에게

너무나 큰 상처를 입은 너에게 위로할 말이 없구나. 너도 아는 바와 같이 인생은 새옹지마라고 했다. 내가 믿거니와 하나님이 깊은 뜻이 있을 것이며, 또한 하나님이 너를 사랑하신다고 믿는다.

너도 알거니와 삶에 사랑이 없다면 인생은 아무 것도 아닌 것이다. 네가 꼭 한 가지 알고 또 믿어야 할 것이 한 가지가 있다. 이 세상에서 너를 가장 사랑하는 사람은 형제자매도, 친구도 아니며, 너를 사랑한다고 약속한 애인이나 혹은 앞으로 맞이할 낭군도 아니다.

이 세상에서 너를 변함없이, 조건 없이, 그리고 희생적으로 사랑하는 사람은 오로지 아버지와 어머니 밖에 없다는 것을 알아야 한다. 너의 부모가 너를 통해서 영광과 호강을 할 생각은 추호도 없다. 너의 부모는 하늘과 땅에 맹세하건대 주형, 주예, 주은 모두를 똑 같이 사랑한다는 사실과 너희 셋을 위한다면 갖고 있는 모든 것을 줄 수 있는 부모인 것이다. 내가 믿건대 너의 아버지와 어머니만한 부모가 흔하지 않음을 알아야 한다. 네가 행복해질 수 있다면 어떤 수모도 나는 감내할 수 있을 것이다.

세월이 많이 흘러서 나와 네가 함께 할 시간이 그리 많지 않을 것임을 직시하고 또 인식해야 한다. 어머니, 아버지가 70을 산다는 보장이 없지 않느냐? 얼마 남지 아니한 기간 동안 진실로 너의 엄마를 잘 공경해야 한다. 이것이 하나님의 계명이며 내가 네가 바라는 오직 한 가지 소망이다. 그 이외에는 내가 네게 주문할 것이 없다.

내 마음을 보여 줄 수 있는 방법이 있다면 얼마나 좋겠느냐. 내게 있어 세 자녀는 삶의 버팀목이며 또한 바람이다. 네가 알거니와 내가 나를 위하여 싸구려 구두 한 켤레, 싸구려 바지 한 장, 와이샤쓰 한 장도 살 수가 없었다. 이 사실이 위의 사실에 대한 증거라고 할 수 있다.

이 어려운 상황에서도 의연하게 대처하는 너의 모습은 참으로 훌륭하고 장하다. 나는 확실히 믿는다. 너는 앞으로 무한한 발전을 거듭할 수 있는 자질과 능력을 갖고 있으며, 이 사회에 크게 기여할 수 있는 훌륭한 사람이 되리라고. 그러나 식물이 흙을 바탕으로 하여 성장하여 번성하듯이 사람은 덕망과 사랑의 토양 위에서 만이 훌륭한 일을 할 수 있다.

절대로 절망하지 말거라. 눈을 들어 멀리, 그리고 넓게 세상을 바라보아야 한다. 그러면 모든 것이 이해되고 또 다른 세계가 보이게 되는 것이다. 힘을 내라. 네게는 살아계신 하나님이 너를 사랑하고 계시며, 너를 크게 쓰실 계획을 갖고 계시며 너를 인도하신다. 그 뒤에는 변하지 않는 순금과 같은 사랑으로 너를 지키는 너의 아버지와 어머니가 있음을 알거라. 아름답고 귀한 보석보다 더 귀한 주예야.

2000년 6월 22일

아버지와 어머니가 이글을 쓰다

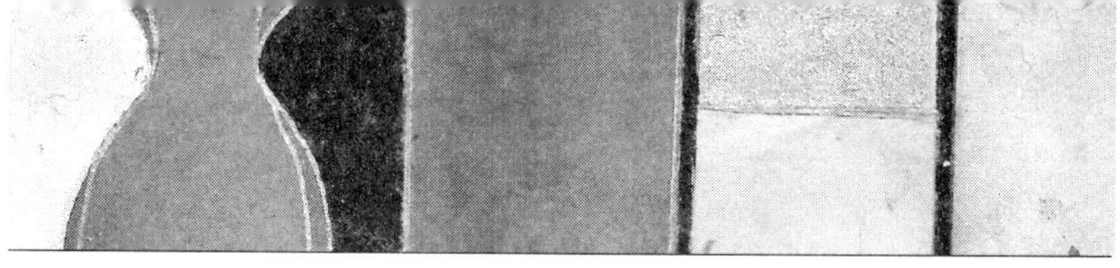

하나님이 사랑하시는 원석에게

내가 네게 이 편지를 쓰게 하신 이는 하나님이시다. 하나님의 인도하심으로 이 글을 쓰게 되었으니 이 글은 나를 통하여 하나님이 네게 보내는 편지인 것이다.

이 우주에 대하여 생각하여 보면 그 웅대함에 놀라게 되고 이 작은 지구에 존재하는 모든 자연환경을 통하여 절대자의 존재를 확인할 수 있다. 풀 한포기, 나무 한 그루, 한 마리의 새를 보면 얼마나 신기하고 놀라운가? 사람의 능력으로는 풀 한포기의 생명도 만들 수가 없다. 이 얼마나 놀라우신 하나님의 능력인가?

이 모든 우주만물은 자연발생적으로 된 것이 아님을 영리한 사람은 알게 된다. 이 위대하신 하나님이 당신의 형상을 따라 우리 인간들을 창조하시고 매우 기뻐하셨다고 한다. 그리고 그 하나님이 우리를 온 천하보다도 귀하게 여기시고 사랑하신다. 부모가 자식을 아무 조건 없이 사랑하는 것과 같이 하나님도 너를 아무 조건 없이 사랑하신다. 하나님이 원하시는 것은 단지 네가 하나님의 존재를 믿어 주는 것으로 기뻐한다는 사실이다.

하나님은 물질을 원하시는 하나님이 아니라 단지 당신을 믿어달라는 주문만을 하신다. 하나님에 대하여는 성경에 상세히 기록되어 있다. 우리가 하나님을 전적으로 믿고 신뢰한다면 그 분이 어떤 분이신가를 알고, 그 분의 뜻대로 순종하며 살아가야 한다. 신앙생활은 약속을 철저히 지키시며 우리를 사랑하시며 우리에게 상을 주시기를 원하는 하나님을 절대적으로 신뢰하는 것이다. 우리는 하나님의 뜻을 따라 살아가야 하는데 우리는 하나님을 나의 생각으로 판단하고 나의 뜻대로 하나님이 행동하시기를 원하고 있다.

이는 크게 잘못된 것이다. 우리가 하나님을 믿는 것은 하나님께로부터 복을 받기 위함이요 상을 받기 위함이다. 사람들은 누구나 많은 복을 받기를 원한다. 어떤 것이 참으로 사람이 누려할 복인가? 하나님이 주시는 복은 어떤 복인가? 시편에 1편 1-3절에 기록된 것을 보면 "복 있는 사람은 악인의 꾀를 좇지 아니하고 죄인의 길에 서지 아니하며 오만한 자의 자리에 앉지 아니하고 오직 여호와의 율법을 주야로 묵상하는 자로다. 저는 시냇가에 심은 나무가 시절을 좇아 과실을 맺으며 그 잎사귀가 마르지 아니함 같으니 그 행사가 다 형통하리로다."라고 하였다. 즉, 복은 "여호와의 율법을 주야로 묵상하는 것"이라고 하였다. 사람들이 바라는 복은 많은 돈을 획득하고 권세를 누리고 명예를 갖는 것으로 생각하는데 성경은 전혀 다른 얘기를 하고 있다.

사람의 탄생과 죽음에 대하여 생각해 보기로 하자. 한 생명이 이 세상에 태어날 때는 아버지의 뼈와 어머니의 살을 빌려서 태어나서 이 세상에서 제공하는 음식과 거처와 그 모든 것을 빌려서 쓰다가 결국에는 그 몸도 다시 되돌려주고 간다. 이 세상을 떠날 때 어느 누구도 이 세상에 존재하는 그 무엇도 가지고 가지 못했다. 다시 말하면 우리 인생은 하나님으로부터 모든 것을 빌려서 쓰다가 도로 반납하고 간다는 사실이다.

그런데 모든 것은 다 돌려주고 가는데 결코 버릴 수 없이 반드시 소유해야 하는 한 가지가 있는데, 그것은 자기의 이름이다. 그 이름은 싫다고 버릴 수 없는 것이다. 그 이름이 아름다운 이름이 될 수도 있고 나쁜 이름이 될 수도 있다. 원석이는 어떤 이름을 갖기를 원하는가? 다시 설명하면 인생의 결산에서 남는 것은 이름인 것이다. 그 이름이 아름다우면 성공한 삶이요 나쁜 이름이면 실패한 삶일 것이다.

성경을 통해서 가장 복을 많이 받은 사람은 예수 그리스도이다. 그 분은 사회의 계층으로 보면 노동자의 계급으로서 하층계급이었으며 가난하였고 권세도 없었다. 33년의 짧은 세월을 살면서 인간적으로 부러워할만한 것을 소유하고 있지 않았다. 그는 하나님을 전적으로 신뢰하였고 하나님의 뜻대로 사셨기에 십자가에서 치욕의 형벌을 당하였지만 하나님은 그에게 가장 아름다운 이름과 영원한 권세를 그에게 주셨다. 33년을 사셨지만 그 이름이 2000년을 살아오고 있다. 오래 전에 각 분야에서 대표적인 활동을 하던 사람들 셋이 동시에 돌아가셨는데 이병철 삼성그룹 회장과 정일권 씨 그리고 문익환 목사였다. 이병철 회장은 그렇게 재산이 많았지만 버스 토큰 한 개도 가져갈 수 없었고 정일권 씨는 대통령을 제외한 모든 요직을 두루 거친 사람이었고, 문익환 목사는 민주화운동을 하던 분이었는데 이 세 사람 중에서 가장 이름이 아름다운 사람은 문익환 목사였다. 죽고 나니 문익환 목사의 삶이 다른 두 사람보다 훌륭하게 돋보임을 알 수 있었다.

내가 얘기하는 것은 가난하게 살라는 것이 아니다. 그리고 문익환 목사처럼 투쟁하는 삶을 살라는 것이 아니라 하나님께서 기뻐하시는 삶을 살라는 것이다. 하나님을 기쁘시게 하기 위하여 우리에게 물질도 필요하다. 하나님과의 관계가 올바르게 정립되어야 하고 하나님의 계명과 같이 네 이웃을 네 몸과 같이 사랑해야 한다. 그 이웃을 사랑하기 위한 귀한 목적을 위하여 재물도 필요하고 추구해야 한다. 축재가 목적이 되어서는 아니 되고 수단이 되어야 한다는 말이다. 즉 하나님을 기쁘시게 하는 수단이 되어야 한다는 말이다.

어느 부모나 마찬가지지만 자식이 부모의 말씀에 순종하기를 바란다. 그것으로 만족해한다. 그리고 부모는 자식이 무엇을 필요로 하는지 잘 알고 있다. 먹을 것, 입을 것, 쓸 것을 다 알고 있으며, 자식이 달라고 하지 않아도 그 필요를 알고 공급해준다. 이와 같이 하늘에 계신 하나님 아버지도 우리의 필요를 아시고 채워주신다.

우리는 하나님을 마치 우리의 욕구를 채워주는 우주의 조달청장쯤으로 알고, 밥을 달라, 떡을 달라, 권세를 달라, 돈을 달라고 떼를 쓴다. 그런 것은 우리가 진정으로 구할 바가 아니다. 물론 필요에 따라 하나님께 구할 수도 있다. 그런 세상적인 것만 구해서는 아니 된다는 말이다. 하나님은 우리의 필요를 아시고 채워주신다. 그럼에도 많은 사람들은 그런 것들을 달라고 보챈다.

이상하게도 하나님은 당신이 사랑하는 사람에게는 반드시 시험과 환난을 주신다는 점이다. 야곱은 외삼촌 집으로 쫓겨 가서 오랜 동안 객지생활을 하며 고생을 하였지만 아들 12명을 그에게 주시어 이스라엘의 조상이 되는 축복을 주셨고, 요셉은 애급에 노예로 팔려가서 지하감옥에서 10여년을 지낸 후에 일국의 총리가 되었다. 운동선수에게 훈련기간이 필요하듯이 하나님은 자기가 쓰고자 하는 사람에게 반드시 훈련기간을 두신다는 사실이다. 좋은 쇠를 만들기 위해서는 뜨거운 불속을 통과하여야 좋은 쇠가 될 수 있듯이 말이다.

하나님의 계명을 지키는 것이 아름다운 이름을 얻는 것이다. 그 계명은 이웃을 사랑하는 것이고 이웃을 사랑하면 자연적으로 아름다운 이름을 갖게 된다. 이것이 사람이 살아가는 방법이요, 공의 길이다. 예수님은 우리(이웃)를 위하여 자신의 몸을 주셨다. 그리하여 아름다운 이름을 갖게 되셨다.

이 세상의 모든 것을 다 얻는다고 하여도 하나님을 모르고 하나님과 등을 지고 사는 것은 최악의 저주라고 할 수 있다. 설사 이 세상 모든 것을 다 잃는다고 하여도 하나님과 동행하는 삶은 성공한 삶이다. 사회적으로 성공한 삶이라도 하나님과 상관이 없는 사람이라면 실패한 인생이다. 무슨 일을 하든지 하나님과 항상 함께 하는 삶이 성공한 삶이다.

원석이는 어떤 이름을 갖기를 원하는가? 성공하는 삶을 원하는가 아니면 실패한 삶을 원하는가? 세상은 변한다. 너의 부모가 너의 곁에 언제까지 있지 않을 것이다. 내가 인생의 허무와 무상을 말하는 것이 아니라 하나님이 계획하신 영생과 구원에 대하여 얘기하는 것이다.

현실을 냉정하게 직시하고 인식해야 한다. 젊어서 뜻을 세우는 것은 마치 큰 건물을 세우는 주춧돌을 놓는 것과 같다고 할 수 있다. 근면하고 정당하게 재물을 많이 모으고 이웃을 위하여 많이 쓰는 삶이 행복한 삶이요 성공한 삶이다. 자기가 사용한 재물만이 오직 자기의 것이다.

하나님이 자기의 주인이 되는 삶이 되어야 성공하는 삶이 될 것이다. 하나님이 너와 항상 함께하시며 네게 복을 주실 것을 믿는다. 너는 이미 큰 복을 누리고 있음을 알아야 한다. 이 글을 읽는 것이 큰 축복으로 생각한다. 이 글을 두고두고 읽기를 바란나.

2003년 6월 8일

일산에서 큰 아버지가

주형이에게

내 아들 주형아. 네게 꼭 하고 당부하고 싶은 말이 있어서 이 글을 쓴다. 너는 나의 보람이요 자랑이다. 겸손하고 온유하고, 많은 학식을 누구보다 많이 갖추었으니 누구에게 빠지지는 않을 것이다. 너는 분명히 당대에 제일가는 학자임이 분명하기 때문에 너는 이 나라의 귀한 보배이기도 하다. 이 말은 절대로 비아냥하는 말이 아니고 내가 생각하는 바를 그대로 표현한 것뿐이다.

나는 지금까지 한국의 수많은 학자들 중 어느 누구에게도 존경심을 가져본 적이 없다. 단지 몇 사람을 제외하고는 말이다. 너의 성격은 앞에 잘 나서지 않는 것이 너의 장점이면서 부족한 점이 아닌가 생각한다. 도둑이 집안에 들어와서 무기를 들고 위협하면서 모든 것을 강탈해 가려고 위협을 가하는데 자기가 손에 들고 있는 무기를 사용해서 도둑을 방어하고 쫓아내어야 하지 않겠니? 지식은 마치 칼집 속에 들어있는 칼과 같다. 사용해야 할 때에 사용하지 않는다면 칼집 속에 들어있는 칼과 같다 할 것이다.

이 세상 사람들이 살아가야 할 삶의 모델은 예수님이시다. 예수님은 당시 교회 지도자들의 잘못을 비판하고 하나님의 뜻에 반한 삶을 살아가고 있기 때문에 질책하고 바른 길로 가도록 교회의 지도자들에게 요구했었다. 그런데 교회의 지도자들은 이를 깨닫지 못하고 반성하지 아니하고 오히려 예수님을 핍박하고 오히려 십자가에 못을 박는 큰 범죄를 저질렀다. 예수님도 당신께서 생각하셨던 바를 단지 머릿속에 간직만 하셨다면 예수님의 생각은 칼집에 들어있는 칼에 비유할 수 있을 것이다.

최근에 저작권과 관련하여 한국의 Top ranker의 15개 대형출판사들과 저작료에 관한 무서운 전쟁을 치루고 있다. 이 전쟁에서 하나님이 나에게 지혜를 주셔서 1개 회사만 제외하고 거의 항복을 받아냈다. 하나님이 나에게 주신 지혜와 정의의 칼이 있기에 이 반도덕적이고 비윤리적인 파렴치한(돈만 아는) 출판사들에게서 항복문서를 받아냈다.

내가 「씨암닭을 잡아먹다」란 글에서 말했듯이 한국의 어려운 경제상황을 심각하게 제기하는 사람이 없다. 한국 사람들은 나서야 할 때에 앞에 나서지 않고 뒤에서 비난만 하는 사람들이 대부분이다. 네가 아는 남서울교회에서 제직회를 하면 아무도 발언을 하지 않는다. 발언을 하면 무조건 덕이 되지 않는다고 생각하는 것이 거의 대부분의 사람들의 생각이다. 그 이유에 대해서는 연구를 해봐야 알겠지만…….

이 위급한 한국의 경제상황에 대하여 어느 누구도 '경고'와 '질책'을 보내는 사람들이 없다는 것이다. 언제나 그래왔지만 코앞에 닥치면 그제서야 양은냄비처럼 뜨겁게 달아올라서 떠드는 것이 한국인들의 속성이다. 2-3년 후에 경제가 남미처럼 현실로 나타나면 그 때는 신문의 경제 사회면이 매우 시끄러울 것이고 대학의 교수들(교수라는 이름만 있는 엉터리 교수들이 행세하는 한국의 사회)이 그 빛나는 brand를 이름자 앞에 붙이고 이론이랍시고 대책이랍시고 신문에 글을 발표할 것이다.

죽은 시체 위에 의사의 처방은 쓸모가 없는 것이다. 사망신고된 한국경제의 시체에다 "저명한 교수의 이론과 대책"이 무슨 소용이 있겠니? 이러한 경제학자의 지식은 단지 지식 그 자체로서 칼집에 들어있는 칼과 같은 것이다.

적이 들어왔을 때 칼집에서 칼을 빼어 적을 응징해야 한다. 칼을 빼는 용기는 바로 지혜인 것이다. 주형이는 지혜로운 사람인데 한국의 지도자로서 실천하고 선도하는 학자, 용기 있는, 학자가 되어야 한다. 절대로 돈과 밀착하는 일이 없어야 한다.

오늘날의 한국경제가 이 지경이 된 것은 첫째로 사회기강이 무너짐으로부터 출발한 것이며, 이 사회기강이 무너진 것은 도덕과 윤리가 무너진 것이다. 도덕과 윤리는 물질의 횡포와 압박으로 체포되어 구치소에 감금되어 있다. 자유의 몸으로 방면할 눈치가 전혀 보이지 않고 있다. 경제활동과 사회활동은 서로 다른 것 같지만, 동일한 Quality의 사람들이 하는 것이다. 불량한 사회인들이 불량한 사회활동과 경제활동을 한다는 말이다. 따라서 훌륭한 경제정책과 자본과 기술의 문제가 아니라, 사람들의 생각과 행동이 먼저 변해야 한다. 다시 말하면 도덕과 윤리가 회복되고, 사람들의 가치관이 바뀌어야 한다.

사람은 많아도 쓸만한 인재가 없는 것도 한국의 큰 고민이다. 교육이 잘못되었기 때문이다. 인재는 하루아침에 공장에서 만들어내는 것이 아니니 좋은 인재가 등장하려면 오랜 시일이 걸릴 것이다.

한국에서는 남의 잘못을 비판하는데 익숙해있고 투쟁에는 많은 Know how와 일가견이 있다. 생산적이고 건설적인 방향과 Vision을 제시하는 사람들이 드물다. 정치인들은 매일 비난과 욕설을 하는 것이 주임무로 알고 있다. 또 그것이 정치라고 생각하고 믿고 있으며 실천하고 있다. 이번 출판사들과 한판 전쟁은 '물질만능, 물질숭배의 가치관'과 '문인의 자존심(이름을 중요시하는 가치관)'과의 대충돌이기도 하다. 위의 논리전개는 단지 한 측면만 조명한 것이다. 나의 생각이 전혀 틀리지는 않았겠지만 그것이 전부라는 말은 아니다.

내가 당부하는 것은 지혜로운 학자가 되기를 바라는 마음에서 이 글을 쓴 것이다. 너에게 용기가 없다는 것이 아니다. 한국에는 지주형이 있어서 희망이 있다. 한 사람이 중요한 것이다.

예수님 한 분이 세상을 바꾸어놓았다. 자기의 위치를 스스로 지켜야 하고, 자긍심과 사명감을 가지고 세상을 살아야 한다. 즐거운 하루가 되기를 바란다. 네가 보낸 글은 아직 읽지를 못했다. 찬찬히 읽어볼 것이다. 잘 있거라.

2003. 6.

아버지가

내 사랑하는 주예를 보내며

이 세상에서 가장 큰 나라중의 하나이며, 세계 최강(最强)인 미국으로 너를 보내는 나의 마음은 큰 바다에 일엽편주(一葉片舟)를 띄우는 것 같고, 풀 한 포기 없는 한없이 넓고 뜨거운 사막(砂漠)을 걷게 하는 느낌이다.

사람의 의지(意志)는 태산(泰山)보다 무거워서 흔들리지 말아야 하고, 자신의 자존(自尊)은 스스로 지켜 나가야 한다. 너는 우리 집의 귀(貴)한 보석(寶石)일 뿐만 아니라 이 나라에서도 찾기 어려운 귀한 존재(存在)이다. 뛰어난 지적능력(知的能力)과 사고력(思考力)은 어느 누구도 따라갈 수 없을 것이다. 그렇더라도 겸손(謙遜하)여 숨기면 더 훌륭한 대접을 받을 것이다.

지금 이 보석이 더 아름다운 광채(光彩)를 발하여 그 아름다운 빛을 이 세상에 비추도록 준비하러 미국으로 가는 것이다. 지도교수의 많은 사랑과 신임(信任)을 받도록 최선을 다하기 바란다.

사람은 마치 곱고 아름다운 백자(白瓷)와 같아서 잘 보존하면 아름다운 그 자태(姿態)를 간직할 수 있지만. 세파(世波)에 흔들리며 부딪혀서 금이 가고 깨어져서 못 쓰게 되는 경우가 많다.

남자나 여자나 다 자기의 품위를 스스로 지켜야 존경(尊敬)을 받게 된다. 자기가 자신의 품위를 스스로 지키지 아니하면 남도 자기를 賤하게 여기는 것이 세상살이다. 그러나 인간에게 있어서 구원은 오직 하나님께로부터 받을 수 있음은 너도 잘 알 것이다. 하나님이 너를 미국으로 보내셔서 하나님의 큰 일꾼으로 쓰시기 위하여 훈련소(訓練所)로 보내는 것으로 알고 있다. 좋은 훈련을 마치고 금의환향(錦衣還鄕)하기를 바란다.

남자는 불가근불가원(不可近不可遠, 가까이 하지도 말고, 멀리 하지도 말라)이다. 남자는 인물보다도 마음이 넓고 너그러우며 이해심이 많아야 한다. 머리가 좋고 능력이 뛰어난 사람이 가정생활에서는 좋지 않을 수도 있다. 한 사람을 알기 위해서는 그 주위에 있는 사람들의 평가가 가장 객관적이다. 이 점을 참고하기 바란다.

하나님이 너를 지켜주시리라 믿기에 나는 안심한다. 어렵고 힘들 때에 십자가에서 우리를 위하여 피를 흘리신 예수님을 먼저 생각하기 바란다.

모든 것은 다 잃을 지라도 예수님만 붙잡으면 그 인생은 성공한 삶이다. 너에게 하나님이 함께 하시면 축복이 네게 있을 것이다.

2003년 7월 18일

주예를 가장 사랑하는 엄마와 아빠가

천사 같이 사는 사람

성경에 보면 천사는 하늘에만 사는 것으로 되어있는데 사람이 천사처럼 산다면, 그 사람이 바로 천사라고 생각한다. 천사를 만나는 것은 기적이요, 보는 사람에게는 영광 중의 영광일 것이다. 천사가 나타나도 보이는 사람에게만 보이고, 눈 뜬 장님은 결코 볼 수가 없다.

S씨[9]는 반포에 살 때 같은 교회에 다니던 분이었는데, 1977년경에 미국에서 가족과 함께 귀국하여 그때에 알게 된 분으로 한국 최초의 간호학 박사였다. 그분의 남편 K씨[10]는 경영학박사로서 그 당시로서는 보기 드문 박사부부였다. 그 분들에 대하여는 그 당시 잘 알지 못하였다. S씨는 이화여대 출신으로 연세대 간호대학에서 강의를 하게 되었고, 그분의 남편은 KAIST에서 제자를 양성하게 되었다.

S씨는 미모의 여인으로 여자다운 여자였고, 항시 웃음을 띠며 기쁨에 가득 찬 삶을 살고 있었다. 부부가 모범적인 교회생활과 사회생활로 타인의 존경을 받아왔다. 한때 개인적으로 도움을 받기도 했는데, 세월은 흘러서 S씨는 이화여대의 간호학과로 전직하였고, 그 부군 K씨는 고려대학교에서 교수로 재직하며 세계적인 경영학 박사로서 명성을 날리고 있었다.

9) S씨: 김수지 교수.
10) K씨: 김인수 교수.

그런데 불행하게도 2003년 1월에 교회에서 예배를 마치고 나오다가 부군 K씨가 빙판에 낙성하여 뇌를 다쳐 혼수상태에 이르게 되었고, 같은 해 2월에 하나님의 부르심을 받아 소천하였다.

부군 K씨를 보내는 장례식은 내가 처음 본 아름다운 장례식이었다. 그분의 삶이 훌륭하여 정말로 하나님이 베푸신 하늘나라의 잔치자리였고, 우리들에게는 심판의 자리와도 같았다. 위로를 하러 참석한 모든 사람들이 위로를 받았고, 살아 계셔서 역사하시는 하나님을 만날 수 있었다. 그 자리에 참석한 사람들이 그러한 장례식을 볼 수 있었던 것은 큰 영광이었다.

그 후에 K씨를 기리는 글을 썼고 계속하여 다듬어 손질을 하였다.

화려한 장례식

- 김인수 장로님을 보내며

장로님을 마지막으로 보내는 자리는
우리가 장로님을 보내는 것이 아니라
님이 초대하신 하늘나라의 잔치 자리였습니다.
하나님이 친히 주재하시고 준비하신 낙원의 잔치였습니다.
우리에게 하늘나라의 영광을 보여주는 빛나는 자리였습니다.
영생나무의 과일들로 풍성하게 차려진 자리에서
남아있는 우리에게 오히려 위로를 주셨고
오늘의 우리를 돌아보게 하는 심판의 자리였습니다.
초대를 받은 모든 사람들이
결코 시들지 않는, 아름다운 꽃을 님에게 드렸기에
세상의 것으로 꾸미지 않았어도

너무나 화려한 이별의 자리였습니다.
이 하늘나라의 잔치의 주인은 님이셨고
하나님은 님에게 아름다운 영원한 이름과 영광의 면류관을 주셨습니다.
같은 시대, 같은 하늘 아래 살았다는 것만으로도
우리에겐 영광이요 자랑입니다.
님은 우리의 가슴속에 영원히 살아 게시고
하나님의 영원한 생명책에 그 이름이 기록될 것입니다.

이 글을 필자가 자필로 쓰고 표구하여 전하기 위하여 시내의 한 식당으로 S교수를 모시게 되었는데, 평소 모든 것을 감추기만 하시던 분이 모든 것을 털어놓았다.

평소에 과부에 대하여 너무 무관심했었다고 하면서 신앙심이 누구보다 깊은 그분이 아픈 심경을 간접적으로 표현하였다. 그 아픈 마음이 얼굴을 상하게 했음을 알 수 있었다. 부군이 돌아가신 후에 보니 남겨준 재산은 없었고, 여러 개의 적금통장이 있었는데 거의 만기가 도래하는 것들이었다고 합니다. 각 통장에는 그 돈을 받을 사람이 지정되어 있어서 고인의 뜻을 따라 그대로 지정된 사람에게 보냈다고 한다.

그리고 S 교수는 이제까지 학교에 근무하면서 받은 보수를 한 번도 집에 가져온 적이 없이 이웃을 위하여 썼다고 하였다. 필자가 쓴 글을 받고 얼마나 기뻐했는지 모른다. 필자가 알기로 이런 사람이 있다는 것을 처음 알았고, 또 그 자체는 기적과도 같은 일이었습니다. S교수는 이 시대 한국에 살고 있는 천사이다.

이 사실을 알게 하신 하나님에게 감사하고 있다.

– 2003. 7. 6 일산에서

천사를 만나다

지난 가을에 잎이 지고 맨몸으로 지낼 때에 추운 겨울이 닥쳐왔지요. 눈이 내리고 추운 바람이 불어와 몸 둘 곳이 없었습니다. 하지만 추운 겨울에도 봄을 위한 아름다운 비단을 짰습니다. 긴 긴 밤을 새워가며 고운 마음에서 실을 뽑아서 아름다운 무늬로 비단을 짰습니다.

그런데 봄이 훈훈한 바람과 햇볕을 앞세우고 찾아왔습니다. 작은 창을 열고 조금씩 비단을 펼쳤습니다. 하얀 배꽃[11]으로 피었습니다. 하늘도 기뻐서 웃었습니다. 봄바람은 신나게 돌아다니며 이 나무 저 나무에 알려주었습니다. 아주 순결하고 고운 배꽃(梨花)이 피었다고…….

그 배꽃이 외로운 밤에 맑고 밝은 달[12]을 만났답니다. 근심스런 얼굴로 찾아오는 달에게 하늘나라의 비밀한 복음을 들려주곤 하였답니다. 배꽃과 달은 어둠 속에서 서로에게 위로를 주며 격려하며 밤길을 헤쳐 나갔습니다. 달은 세상을 비추는 밝은 빛을 비추게 되었고 배꽃은 아주 달고 맛있는 과일을 맺었습니다. 그리고 이웃에게 나누어주었습니다. 다음 해에도 더 많은 배꽃이 피어서 더 많은 과일을 맺게 되었습니다.

어느 추운 겨울날에 달은 구름 속으로 빠져서 나올 수가 없었습니다.

11) 배꽃(梨花): 이화여대를 졸업한 김수지 박사
12) 달 : 김수지 박사의 부군이신 김인수 박사.

하나님이 천국에서의 일이 급하다고 불러서 가셨습니다. 배꽃은 더 이상 이 땅에서 그 달을 볼 수가 없게 되어 매우 슬펐습니다.

누가 이 배꽃의 아픈 마음을 헤아릴 수가 있습니까? 찢겨진 그 꽃잎에 맺힌 이슬 같은 눈물을 씻겨줄 수 있습니까? 배꽃이 진 자리에 다시 새 잎과 새 꽃이 필 것입니다.

그것은 하나님의 역사입니다. 하나님이 천사를 이 땅에 보내사 아름다운 배꽃(梨花)으로 피게 하였습니다. 살아있는 이 천사가 배꽃을 피우고 풍성한 열매를 맺게 하여 비밀한 하늘나라를 열어 보이고 있습니다. 오늘도 이 천사는 하나님의 사랑을 전하기 위하여 하늘을 날고 있습니다.

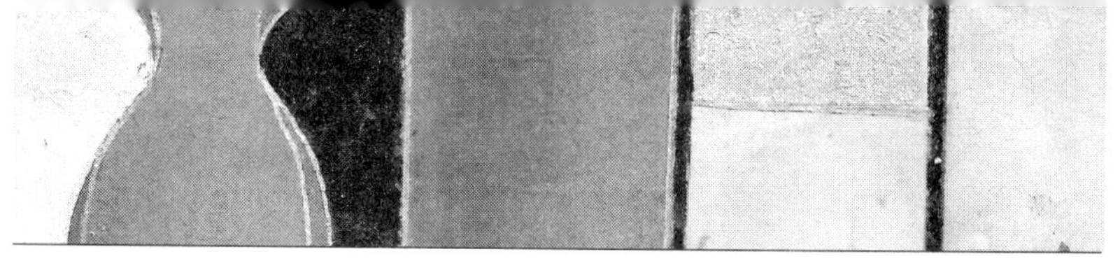

김인수 장로님의 영결식에서

사람들은 부자가 되기를 원합니다. 많은 사람들이 알아주기를 바라기 때문이기도 합니다. 지금까지 가장 큰 부자는 예수님이셨습니다. 세상 사람들이 가장 알아주는 분이지요. 부자가 되는 비결은 자기의 것을 남에게 주는 것입니다.

고인이 된 이병철 회장은 남에게 주지 않아서 죽어서는 가장 가난한 사람이 되었습니다. 기업경영학을 전공하신 김인수 장로님은 인간경영학을 잘 하신 분으로 물질을 이 세상에 쌓아두지 않고 하늘에 쌓았기에 이병철 회장과는 비교할 수 없을 만큼 부자입니다. 김인수 장로님은 김수지 박사님의 동역자이기도 하십니다. 김수지 박사님은 겉으로 내색은 아니 하시지만 그 아픈 마음을 그 누구도 헤아릴 수 없을 것입니다. 형제자매 여러분들의 위로와 격려를 바랍니다.

문단의 말석에 자리하고 있는 저의 외람된 말씀이오나 어느 누구를 칭송하는 글을 이제까지 써본 적이 없습니다. 앞으로도 좀처럼 쓰기 어려울 것입니다. 하지만 이렇게 글을 쓰게 된 것은 본인의 영광입니다.

– 일산공원묘원에서

노무현 대통령님께

수신: 노무현 대통령님

참조: 교육인적자원부 장관님

제목: 교육개혁에 관하여

국정운영에 얼마나 노고가 많으십니까? 아는 것은 없사오나 많은 고심 끝에 이 글을 올리게 되었습니다. 현재의 중학교, 고등학교의 교육 평준화 정책은 획일적 군사문화의 잔재입니다. 교육의 현실성을 무시한, 코미디 같은 정책입니다. 세계 어느 나라에서 이런 정책을 펴고 있는지 알고 싶습니다.

초등학교 졸업 후의 교육은 초등교육과정에서 나타난 학생의 개인적 능력과 자질에 따라서 교육되어야 함에도 불구하고 획일적으로 학교별로 학생들을 배정하는 것은 있을 수 없는 실책이요 큰 과오입니다. 예를 들어 한 학급에 아주 우수한 학생과 그렇지 않은 학생이 뒤섞여 있는데, 선생이 어느 수준에 맞추어 수업을 진행해야 하는지요? 이런 상황이 되고 보니 수업이 될 수도 없고 학생들은 학교에서 시간을 허송하고 있는 것이지요.

다시 말씀 드리면 학교교육이 있으나 마나한 결과가 되는 것이지요. 이런 연유로 사교육이 필요하고 번성하는 요인이 됩니다. 앞으로의 개

혁은 평준화를 없애야 하는 것입니다. 그래야 교육이 제대로 될 수 있습니다. 부수적으로 평준화 정책을 없애면 8/9학군이 없어질 것이고 따라서 강남의 주택 가격도 하락할 것입니다.

그리고 학교에서의 교육 내용에는 도덕 윤리 과목이 최우선이 되어야 합니다. 교과서의 내용과 종류를 확충하여 교육내용을 충실히 할 필요가 있습니다. 오늘날 사회가 혼란하고 경제가 파탄에 이른 것은 다름 아닌 도덕성이 무너진 결과입니다. 모두가 이기주의적[13]으로 흘러가는 풍토 속에서 삶의 가치기준이 잘못 설정되었기 때문입니다. 도덕성 회복과 능률적인 교육이 되도록 하는 정책을 펴야 한다고 생각합니다.

끝으로 다시 한 번 부탁드리거니와 차제에 반드시 중고교 평준화 정책을 없애시기를 간절히 청원합니다. 현명한 결단을 바랍니다.

– 2003년 10월 15일

13) 과격한 노동운동, 부패한 정치활동, 경제활동 등

따뜻하고 아름다운 시인을 위하여

이훈강 시인이 두 번째 시집 『서울 하늘은 별빛을 기다린다』를 출간하게 됨을 기쁘게 생각한다. 한국 사람들이 물건을 살 때에 제일 먼저 물어보는 말이 "이 물건이 진짜입니까?"이다. 세계적으로 가짜 상품을 많이 만드는 원조는 홍콩이었고 이를 이어 받은 나라가 부끄럽게도 한국이 아닌가 생각된다. 한국문단에도 이런 가짜가 판을 치는 것이 사실이다. 등록된 시인이 그렇게 많은데도 정작 시 같은 시를 보기란 쉽지 않는 것이 오늘의 한국문단이다. 이 말을 뒤집어 보면 시인이 아닌 사람이 시를 쓰고 있으며, 시인이라는 사람이 실제로 시를 모른다는 말이다.

이훈강 시인은 시에 담아야할 내용과 시적 표현의 방법을 알고 있으며, 또한 시의 품격이 날로 발전하는 시인이다. 그의 작품이 발전하는 원동력은 시에 대한 뜨거운 열정과 따스한 가슴을 갖고 있기 때문이다. 시 창작에서의 뜨거운 열정은 '타오르는 불꽃'에 비유할 수 있다. 참나무 장작처럼 뜨겁게 타오르는 장작불이라고 할까. 불은 '따듯함'과 '빛'을 동반한다. '따듯함'은 그늘진 추운 곳에 거하는 사람들에게 보내지는 것이요, '빛'은 불확실성의 이 어두운 시대를 밝히는 것이다. 이훈강 시인이 소외된 사람들의 이야기와 인간 실존의 문제를 이 시집에 담은 것만으로도 다른 시인들과 구별되는 위치에 있다.

시 「사과나무 아래서」는 이 시인의 능력과 미래의 가능성을 보여주는 작품이다.응축된 새로운 표현 "'아름다운 절도' / 빨간 영혼을 훔치고 말았구나!"는 이 시인이 지향해야 할 방향이요 미래의 수준을 가늠케 하는 대목이라고 할 수 있다.

> 차라리 다 주어도 아프지 않은
> 그런 사랑을 달라고 할 걸…
> '아름다운 절도'
> 빨간 영혼을 훔치고 말았구나!
> 지우고 싶지 않은 후회
> 유리알 같은 네 영혼을 훔친 죄

어느 누구에게도 예술의 완성은 있을 수 없다. 완성을 향하여 오로지 나아갈 뿐이다. 대리석 돌판에 자신의 뼈로 새기듯이, 피를 찍어 한 자씩 새겨 쓰듯이 시 창작에 임해야 할 것이며, 높은 산 속에 있는 깊은 골짜기에서 청량한 물이 솟아나듯이, 고뇌의 골짜기에서 시의 샘이 솟는 법을 또한 기억해야할 것이다. 미래에도 이훈강 시인이 정지된 상태에 있지 아니하고 새로운 면모로 날로 발전할 것으로 믿는다.

그런고로 이번에 상재하는 시집 『서울 하늘은 별빛을 기다린다』는 중요한 의미를 갖고 있으며, 글은 바로 그 사람의 인격이기 때문에 작품에 대한 진정한 평가는 그의 인생의 결산과 함께 이루어질 것이다. 이 시인은 새로운 도진의 정신으로 보다 디 높은 시의 경지를 향한 출발선상에 다시 서게 되었다. 이훈강 시인이 한 시대의 '아름다운 시인'으로 기억된다면 본인에게는 이보다 더 큰 보람과 영광이 없을 것이다.

— 2004년 새해 아침, 일산 대화마을에서

사랑하는 원석에게

이번 안성에 갔을 때 너에 대한 다소 불안한 징후가 있는 것을 알았다. 안성을 다녀온 다음 날 새벽에 너에 대한 생각으로 잠을 이룰 수가 없었다. 다른 사람은 몰라도 나는 주형이와 원석이의 자질이 우수하여 기대하는 바가 크고, 또한 우리 집안의 큰 희망이기도 하다. 사람이 한 평생을 살면서 많은 위기를 만나게 되고 고통의 때를 만나는 것은 누구에게나 다 있는 일이다. 한때 마음이 흔들리고 방황하는 것은 사람이기 때문에 있을 수 있는 일이고, 그때마다 마음을 다시금 새롭게 다스려서 다시 출발하는 것이 사람이 사는 방법이다. 마치 항해하는 선박이 방향키를 조금씩 고쳐가면서 목적하는 항구에 도달하듯이 말이다.

너는 누구보다도 우수한 자질을 가진 축복 받은 사람이다. 이는 하늘이 네게 주신 큰 복이다. 이에 대한 자긍심도 가져야 하고, 그 자질을 개발하여 나아가는 책임과 의무도 가져야 한다. 가공되지 아니한 보석은 아무 가치가 없는 돌에 불과하다. 다이아몬드가 아름다운 광채를 내기 위해서 수많은 연마공정(硏磨工程)을 거쳐야 하고, 그런 과정을 통하여 값진 보석으로 그 빛을 발할 수 있는 것이다. 너는 귀한 다이아몬드를 갖고 있다. 너는 인내를 가지고 이를 갈고 닦아서 아름다운 보석을 만들어야 한다.

사실 학교 공부를 놀이처럼 즐거움으로 하는 사람은 없다. 과목 중에는 반드시 하기 싫은 과목이 있게 마련이다. 하지만 이를 안 할 수는 없다. 학교에서의 학업은 사회생활의 기초를 닦는 일로서 두뇌를 개발하고 발전시키는 데에 그 목적이 있다. 마치 농사를 지을 때 농토를 비옥하게 하는 것에 비유할 수 있다.

나는 농사를 지어본 적은 없는데, 작물에 필요한 비료를 주는 시기가 있다. 비료를 주는 시기를 놓치면 비료는 쓸 수 없다. 때를 놓치면 비료를 주어도 농작물은 결코 성장하지 않기 때문이다. 씨를 뿌릴 때와, 기르고 돌볼 때가 있으며, 수확할 때가 있는 것이다.

공부도 마찬가지다. 공부도 때가 있는 것이다. 그 때를 놓치면 학업의 효율이 떨어지고 별 효과를 거둘 수가 없게 된다. 이제 너는 어른의 나이로서 스스로 결정하고 행동하며 책임을 져야 하는 나이가 되었다. 언제까지 부모의 그늘에서 있을 수 없지 않은가? 10년 20년 후에도 너를 지금과 같이 보살펴 줄 수는 없을 것이다.

예로부터 충효사상은 나라를 통치하는 근본이념이었다. 이중에서 효도는 부모의 마음을 편하게 해드리는 것인데 이는 스스로 자립하여 아름답게 성장해 가는 모습을 부모에게 보여 주는 것이 현대의 효도라고 할 수 있다. 모든 부모가 다 그러하지만 자식을 성공시켜서 팔자를 고치려는 것이 아니다. 사람이 이 세상에 태어나서 한 가지 하고 가는 일이 있는데 이것은 바로 자식 농사이다. 봄에 농부가 밭에 씨를 뿌려서 농사를 지었는데 가을에 아무 수확을 하지 못했다면 그 농부의 마음이 어떠하겠는가? 단 하나의 아들만을 둔 부모의 마음을 헤아려 보기 바란다. 너의 몸을 즐겁게 하고, 눈을 즐겁게 하는 것에 너의 생각이 점령당해 있다면, 너는 아무 것도 할 수 없을 것이다. Internet과 게임에서 손을 떼어야 한다. 이는 너를 망가뜨리는 아주 나쁜 놀이에 불과하다. 그런 것에서 돌아설 수 있는 용기를 갖기를 바란다.

농부는 봄에 흙을 일구고 거름을 주어서 작물을 기르는 일을 한다. 학업 중에 있는 학생은 인생의 밭을 일구는 일을 하는 것이다. 즉 기초 작업을 하는 것이다. 봄에 아무런 준비를 하지 않은 농부는 가을에 어떤 수확도 기대할 수 없음은 당연하다. 원인은 결과를 만든다. 좋은 과정에서 좋은 결과를 기대할 수 있으며, 좋은 나무가 좋은 열매를 맺는다. 천재나 수재 도 노력하지 않으면 평범한 필부가 되는 것이다. 딱 한 번 밖에 주어지지 않는 인생을 너는 어떻게 설계하고 준비할 생각인지 묻고 싶다. 지금은 기초를 닦아야 하는 시기이다. 너도 알다시피 앞으로의 사회는 아주 심한 경쟁사회가 될 것인데, 이 경쟁의 사회에서 결코 탈락하는 어리석음을 범하지 않을 것으로 믿는다. 나의 초등학교 중 고등학교 시절에는 결코 1등의 자리를 남에게 내어주지 않았는데 이는 남에게 지는 것은 나의 수치로 여겼기 때문이다. 그런 수치를 나는 감당할 수 없다는 생각을 갖고 있었다. 이 글이 너의 인생을 바꾸는 축복의 Message가 되기를 바란다.

모쪼록 건강한 가운데 모든 면에서 모범을 보이는 생활을 하기 바란다. 적당히 운동을 하면서 땀을 흘려도 보고, 그림도 그려보고, 친구와 좋은 시간도 가져보는 여유를 가지면서 실속 있고 아름다운 학창시절을 보내기 바란다.

이 편지에 대한 답신을 기다리겠다.

– 2004년 4월 20일

박용삼 형에게

월간문학에 발표한 박 형의 작품을 보고 박 형이 병중에 있음을 알았습니다. 매우 어려운 병과 투병하고 있다는 말을 듣고 나서 가슴으로 계속 울고 다녔습니다. 눈가에 저절로 눈물이 고이는 것을 어쩔 수가 없습니다. 말을 들을 수가 없어서 이렇게 편지를 쓰게 된 것도 가슴 아픈 일입니다. 박 형에게 무어라 위로의 말을 드릴 수도 없고, 무엇을 해드릴 수도 없으니 안타까울 뿐입니다.

1999년에 이우종 선생님이 하늘나라로 가시고, 2006년에도 친구 둘이 위암으로 위를 절제한 후에 투병 중에 있습니다. 이렇게 세월이 빨리 지나가는군요. 일장춘몽이란 말이 전에는 무슨 뜻인지 몰랐는데 지금에야 그 뜻을 알 듯합니다. 저 자신도 이 세상에 있을 날이 얼마 남지 않았음을 잘 알고 있습니다.

성경에 이르기를 "모든 육체는 풀과 같고 그의 영광을 풀의 꽃과 같으니 풀은 마르고 꽃은 떨어지되 하나님의 말씀을 세세토록 있도다."라는 말씀이 있습니다. 사람에 대하여 아주 잘 표현한 말입니다. 그 말씀처럼 우리는 풀잎 같은 존재임을 인정하지 않을 수 없습니다.

저는 박 형에게 큰 빚을 지고 있습니다. 첫째는 사랑의 빚이요, 둘째는 저의 첫 번째 시조집 출간 시 충청일보 문화면에 저에 대하여 화려하게 소개했던 일입니다. 이에 대한 빚을 아직도 갚지 못한 저입니다. 힘든 투병생활이지만 병마와 싸워서 이기기를 간절히 바랄뿐입니다.

변변치 않은 저의 글씨 몇 점을 박 형의 자녀를 위하여 가져왔습니다. 이것은 제가 박 형을 사랑하기 때문입니다.

박 형은 정말 괜찮은 남자입니다. 힘을 내시고 이 봄에 피는 꽃처럼 다시 한 번 꽃을 피울 수 있기를 바랍니다.

형님 사랑해요.

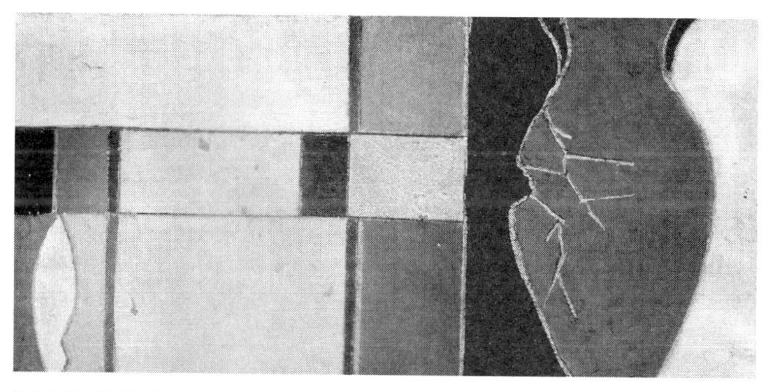

4부
주님의 형상을 닮아가기를

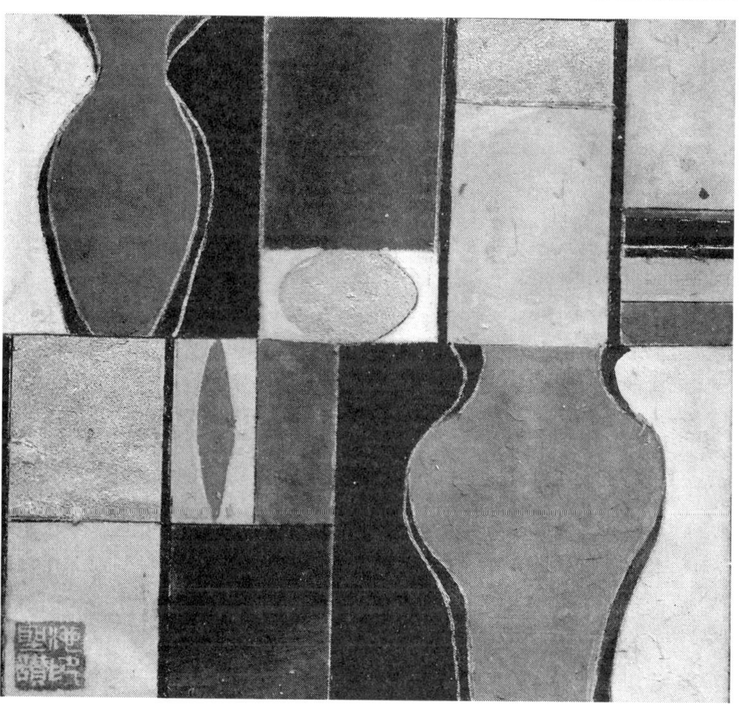

무거운 짐을 벗게 하소서

오늘 이 시간에도 우리와 함께 하시는 하나님께 찬송과 영광을 드립니다. 마음과 정성을 바쳐서 드리는 찬송과 예배를 주님께서 아름답게 받아주시옵소서.

주님의 인도하심을 따라 살기를 원하지만 항시 실족하며 헤매는 연약한 우리의 모습을 보게 됩니다. 하지만 주님께서는 우리의 손을 끝까지 잡으셔서 이곳까지 인도하여 주셨습니다. 기쁠 때나 슬플 때나 항상 주님을 따라 살아가게 하옵소서.

이 불확실한 어두운 시대에 주님의 말씀만이 우리의 빛이 되시며 우리를 지키시는 방패입니다. 미국과 이라크의 전쟁으로 인하여 온 세계가 불안한 가운데 정치 경제 사회 모든 부문이 불안하고 이 한반도에도 정치 경제의 불안한 요인들로 어려움이 현실로 다가오고 있습니다.

우리가 가진 것이 없었고 능력이 없었지만 우리를 지키시고 지금까지 인도하심은 하나의 기적이었습니다. 우리가 오직 할 수 있는 것은 주님을 의지하는 길 밖에는 아무 것도 없습니다.

"너희는 마음에 근심하지 말라 하나님을 믿으니 또 나를 믿으라."는 주님의 말씀에 의지하고 하늘나라의 소망을 갖고 살아가게 하옵소서.

우리가 욕심의 무거운 짐을 벗게 하셔서 스스로의 굴레에서 벗어나게 하옵소서. 한 해에 14만의 가정이 파탄의 지경에 이르게 되었은 즉, 오늘의 위기는 사랑이 없고 주님의 말씀이 생명력을 잃어 가는 데 있습니다.

남산교회가 사랑의 메신저가 되게 하시고 주님의 귀한 복음으로 이 사회가 변화되게 하시며 주님의 귀한 일꾼을 양육하는 귀한 교회로 성장 발전하게 하옵소서.

주님께서 지극히 사랑하시는 우리 성도들의 기도에 응답하시고 위로하시고 힘과 능력을 더하여 주시옵소서.

오늘 이 자리에 함께한 새로운 형제들에게 살아 계신 하나님의 능력의 말씀과 위로를 주시옵시고 주님의 말씀 사역을 담당하며 수고하는 많은 선교사님들에게 힘과 능력과 위로를 주시기를 원합니다.

찬양대의 아름다운 찬양의 노래가 하늘의 보좌까지 이르게 하시고 신앙의 고백이 되게 하여 주시옵소서.

성도들의 예배를 주님께서 열납하시를 바라옵고, 우리 주 예수 그리스도의 이름으로 기도하였습니다. (아멘)

주님을 의지합니다

온 우주를 창조하시고 운행하시는 조물주 하나님에게 찬송과 영광을 돌립니다. 한 해를 보내고 새해를 맞이하면서 우리를 돌아보는 귀한 시간이 되게 하여 주시옵소서. 우리가 살아가는 방법을 주님의 말씀 가운데서 찾을 수 있게 하시고 그 말씀대로 살아가는 축복을 허락하여 주시기 원합니다.

길이요, 진리요 생명 되신 주님의 길을 따라 살 수 있도록 축복하여 주시옵소서. 길이 되신 주님의 말씀 가운데서 새로운 꿈을 갖게 하시고 비전을 갖게 하여 주시옵소서.

모든 것을 내어주심으로, 이 세상 모든 것을 버림으로서 모든 것을 가지셨던 주님의 모범을 따르기를 원합니다. 우리의 삶을 살펴보면 우리 몸을 치장하고, 우리 입을 즐겁게 하고 우리의 눈을 즐겁게 하며, 우리 몸을 즐겁게 하는 일에 우리의 모든 것을 사용하고 있습니다.

가꾸어 왔던 우리 육신의 결국은 한 줌의 흙인 것을 우리가 깨닫기를 원합니다. 우리의 보물을 이 땅에 쌓지 않고 하늘나라에 쌓도록 축복하여 주시옵소서.

우리가 바라건대 말씀 안에서 영원한 삶을 누릴 수 있도록 축복하여 주시옵소서. 하나님 앞에 가장 아름다운 이름을 바쳤던 예수님이 비록

이 세상에 서 33년을 사셨지만 아직도 2000년 이상 살아계시고, 아브라함과 모세와 사도 바울이 지금도 살아있음을 우리가 깨닫게 하여 주시옵소서.

지난해에 가졌던 미워하는 마음, 시기하는 마음, 질시하는 마음을 깨끗이 청산하게 하시고 그 자리에 주님의 생명력 있는 말씀과 사랑으로 채워지게 하여 주시옵소서.

이 시간 성령의 능력으로 저희의 영혼을 눈과 같이 희고 깨끗게 하여 주시고 주님을 향한 저희들의 믿음이 베드로와 사도 바울과 같이 굳건하게 하셔서 환란 가운데서도 결코 넘어지지 않게 하여 주시옵소서.

주님께서 남산교회에 함께 하심을 감사드립니다. 주님의 귀한 목자 목사님께 능력을 더하셔서 주님께 영광을 돌리며 주님을 기쁘시게 하는 주의 일을 많이 할 수 있도록 축복하시고 함께 동역하는 전도사님과 교회의 중직자들에게도 은혜에 은혜를 더하시고 축복하여 주시기를 원합니다. 또한 우리 성도들의 기도와 간구에 구체적으로 응답하시고 한 사람 한사람에게 찾아가셔서 위로와 평강을 주시기를 간구합니다.

마음이 가난한 자는 복이 있나니 천국이 저의 것이라 하였습니다. 슬픔과 어려움에 처할 때에 주님 함께하셔서 위로하시고 힘을 주시옵소서. 구하라 주실 것이요, 찾으라 찾을 것이라는 주님의 말씀에 의지하여 살아가게 하여주시옵소서.

세상 끝날 까지 우리와 항상 함께 하시겠다는 약속, 오늘도 하늘의 보좌 우편에서 우리를 위하여 간구하시는 주님의 약속을 믿습니다.

남산교회의 젊은 일꾼들에게 함께 하심을 감사드립니다. 예수님 한 분이 이 세상을 바꾸었듯이 한 사람으로 인하여 가정이 변하고, 교회가 변하고, 사회가 변하고, 나라가 변하고 세계가 변할 수 있음을 압니다.

남산교회에서 걸출한 인물을 길러주시고 준비하여 주시기 원합니다. 남산교회의 젊은이들이 어둡고 혼란한 세상에 사랑과 진리의 빛을 비추는 등불이 되게 하여주시옵소서. 이 등불이 한국을 비추는 등불이 되게 하시고 세계를 비추는 등불이 되게 하여 주시옵소서.

"할 수 있거든이 무슨 말이냐, 내게 능력주시는 자 안에서 모든 것을 할 수 있느니."라 하신 말씀으로 무장하게 하여주시옵소서.

생명력 있는 믿음의 형제들이 주님의 사역을 위하여 세계에 널리 흩어져 수고하는 선교사님들을 기억하시고 항상 주의 말씀으로 힘을 주시고 지혜를 주셔서 주의 일을 잘 감당하게 하시며 그 자녀들을 주님의 말씀으로 잘 양육할 수 있도록 은혜 내려 주시고 그 가정을 축복하여 주시기를 원합니다.

성가대의 아름다운 찬양을 주님께서 기쁘게 받으시고 이 예배를 준비한 귀한 손길 위에 축복하여 주시옵소서. 예배에 참석한 모든 성도들이 돌아갈 때에는 한없는 은혜와 기쁨과 소망을 가슴에 가득히 안고 돌아갈 수 있도록 축복하여 주실 줄 믿습니다.

우리 주 예수 그리스도의 이름으로 기도하옵나이다.(아멘)

남산교회의 중직자를 세우는 날

우리를 사랑하시되 끝까지 인내로써 우리를 사랑하시는 하나님 아버지께 영광을 돌립니다. 오늘도 우리에게 복 주시려고 이 거룩한 성전으로 인도하신 은혜에 감사드립니다. 우리 죄를 위하여 독생자 예수 그리스도를 십자가에 못박기까지 내어주신 하나님의 사랑을 외면하고 살아가는 우리의 참람한 모습을 봅니다.

지금도 문밖에 서서 굳게 닫힌 우리 심령의 문을 두드리는 예수님을 모른 체하고, 베드로와 같이 저주하며 부인하고, 도마와 같이 믿지 못하며 가룟 유다와 같이 예수님을 팔기까지 하는 우리들이 아닙니까?

이웃을 미워하고 시기하고 저주하는 우리의 허물을 봅니다. 사랑은 커녕 얼음장 같이 차갑고 냉랭한 우리의 심령을 봅니다. 주님 우리의 허물을 용서하시고 이 시간 성령의 능력으로 우리의 심령을 깨끗게 하여 주시옵소서. 죄의 사슬로부터 풀려나 예수 그리스도 안에서 말씀으로 자유케 하여 주시옵소서. 죄에 대하여는 확실하게 죽은 자가 되게 하시고 하나님께 대하여는 산 자가 되게 하여 주시옵소서.

오늘은 남산교회의 중직자를 세우는 날입니다. 주님께서 이 일에 함께 하시고 축복하시어 귀한 일꾼들을 세워주시기 원합니다. 주님께서 귀히 쓰시며 사랑하시는 김기홍 목사님을 영육 간에 강건케 하시고 주님의 귀한 종으로 축복하여 주시옵소서. 진주호 강도사를 주님의 귀한 종으로 세우심을 감사합니다. 이 사악하고 혼돈의 세대에 귀한 일꾼으로 그의 앞길을 인도하여 주시기 원합니다.

나라의 일을 걱정하지 않을 수 없습니다. 나라의 살림이 정처 없이 표류하는 한 척의 배와 같습니다. 주님의 말씀으로 이 나라가 통치되게 하시고 우리 성도들이 빛과 소금이 되어 이 나라를 바로 세울 수 있도록 도와주시기 원합니다. 지금도 세계 각처에서 주님의 말씀을 선포하며 사역하는 선교사들을 기억하시고 그의 가정을 축복하시고 보호하여 주시기 원합니다.

이 자리에 모인 우리에게는 주님의 말씀을 통하여 우리의 허물을 발견하게 하시고 사탄이 역사하는 어두운 죄악의 세상에서 승리할 수 있도록 능력의 말씀으로 무장하게 하여 주시기 원합니다.

모든 일을 주님 말씀에 의지하여 감사함으로 말씀을 따라 살게 하여 주시옵소서. 살아계신 하나님에게 전적으로 의지하여 마음의 무거운 짐을 털어버리고 주님 안에서 평강을 누리게 하여 주시기 원합니다.

너희는 마음에 근심하지 말라 하나님을 믿으니 또 나를 믿으라고 하신 말씀처럼 믿음으로 모든 환란과 고통을 극복할 수 있도록 인도하여 주시기 원합니다. 이 시간 간구합니다. 불같은 성령의 역사로 우리의 심령을 눈과 같이, 양털과 같이 희게 하여 주시고 새로운 성도의 삶으로 변화될 수 있도록 도와주시기를 원합니다.

남산교회에 뜨거운 기도의 불길이 일어나게 하시고, 능력의 말씀이 살아있게 하시고 성령 충만, 사랑충만함이 있게 하여 주시기를 원합니다. 이 시간 기적을 보여주시기를 원합니다. 표적을 보여주시기를 원합니다. 이 자리에 실로 하나님이 함께 하셨다는 간증을 할 수 있도록 성령께서 역사하여 주시기를 원합니다. 그리하여 종국에는 남산교회가 하나님의 몸된 교회로서 모범이 되게하셔서 하나님께 큰 영광을 돌릴 수 있게 될 줄 믿습니다.

세상 끝날 까지 우리와 함께 하시겠다는 말씀을 믿습니다. 우리가 주님의 십자가를 지고 골고다의 언덕을 오를 수 있기까지 축복하여 주시기를 원합니다. 구하라 주실 것이요 찾으라 찾을 것이요 두드리라 열릴 것이라는 말씀에 의지하여 믿음으로 드리는 우리 성도들의 간절한 기도를 일일이 응답하시고 가정과 산업과 직장에 축복하여 주시기를 원합니다. 젊은이에게 하늘나라의 비전과 지혜와 능력을 주시고 어르신들에게 하늘나라의 소망을 주시기 원합니다.

이 시간 귀한 종을 통하여 들려주실 하나님의 말씀을 받을 때에 이 자리에 참석한 모든 성도들에게 큰 은혜가 되게 하시고 하나님께 큰 영광을 돌리는 하늘나라의 잔치 자리가 되게하여 주시옵소서.

오늘 드리는 예배를 하나님께서 기쁘게 받으시기를 원하오며 예수 그리스도의 이름으로 기도하옵나이다.(아멘)

하나님을 의지하여 나아가게 하옵소서

오늘도 우리를 기억하시고 사랑하시며 이 자리에 함께하시는 하나님 아버지께 찬송과 영광을 돌립니다. 보잘 것 없는 저희들을 하나님의 자녀로 삼으시사 하나님 전에 나아와 예배를 드릴 수 있는 특권을 주심을 감사합니다. 저희들이 허물이 많고 주님께 한 일이 아무것도 없지만 항상 저희들에게 가장 좋은 것으로 채워주심을 감사합니다. 지난 한 주일도 주님께서 저희들을 건강하게 지켜주시고 보호하여 주심을 감사합니다. 어떤 어려운 가운데서도 주님께서 지혜를 허락하셔서 승리케 하시고 지금까지 인도하여 주심을 감사합니다.

이 세대는 실로 악하여 날로 더욱 부도덕해지며 어지러운 세상으로 치닫고 있습니다. 우리 성도들이 실족치 않도록 지켜주시되 이 사회의 빛과 소금의 역할을 감당하는 축복을 허락하여 주시옵소서. 남산 교회가 이 사회를 새롭게 변화시키게 하시고 주님의 귀한 일꾼들을, 걸출한 인물들을 배출할 수 있도록 축복하여 주시옵소서.

우리는 심히 약하여 작은 일에도 근심하며 가슴 아파하는 일이 많습니다. 주님께 감사하는 마음으로 모든 것을 이기고 승리할 수 있게 하시고 하늘나라의 소망을 가지고 살 수 있도록 축복하여 주시옵소서. 우리 성도들의 간절한 기도에 응답하시고 이 시간에 들려주시는 하나님의 신령한 생명의 말씀으로 새 힘을 얻게 하여 주시옵소서.

"내게 능력주시는 자 안에서 내가 모든 것을 할 수 있다는 말씀처럼 하나님을 의지하여 나아가게 하옵소서. 너희는 마음에 근심하지 말라 하나님을 믿으니 또 나를 믿으라고 하셨으니, 하나님이 우리와 함께 하시는데 우리가 무엇을 두려워하겠습니까.

남산교회의 김목사님과 전도사님, 중직자님들, 모든 성도님들에게 능력과 지혜를 더 하시사 이 교회를 반석 위에 올려 놓게하옵소서. 보이지 않는 가운데서 수고의 땀을 흘리는 성도들에게 큰 은혜와 복을 베푸시고, 아름다운 찬양으로 주님께 영광을 돌리는 성가대에 만복으로 축복하여 주시옵소서.

이 시간에 주실 하나님의 큰 축복에 감사하오며 살아계신 우리 주 예수 그리스도의 이름으로 기도하옵나이다.(아멘)

새로운 형제자매를 많이 보내주셔서

거룩하시고 자비로우신 하나님 아버지의 은혜에 감사드립니다. 우리를 만세전에 자녀로 택하시고 은혜가운데로 인도하여 주시니 감사합니다. 오늘 거룩한 주일을 맞아 신령과 진정으로 드리는 예배를 기쁘게 받으시고 이 시간 예배에 동참하고 싶어도 건강 등 여러 가지 이유로 참석치 못한 성도들에게도 우리와 동일한 은혜로 함께하여 주시옵소서.

하나님 아버지 지난 한 주간을 돌아보건대 우리는 주님을 기쁘시게 하기보다는 우리 좋은 대로 산적이 많사오니 우리의 믿음 부족함을 용서하여 주시옵소서. 우리에게 믿음을 더하여 주시고 주님의 뜻을 깨닫는 지혜를 주셔서 주님을 기쁘시게 하는 삶을 살아가는데 부족함이 없게 하옵소서.

주님 며칠 후에는 우리민족의 고유 명절인 설날입니다. 모처럼만에 떨어져 있던 가족들이 모여 즐거운 명절을 보낼 수 있도록 도와주시고 .가족을 못 만나는 사람에게도 주님이 함께 하시어 외롭지 않도록 도와주시옵소서.

주님 우리나라를 사랑하시어 120여 년 전에 복음의 씨앗을 뿌리시어 많은 복음의 열매를 맺게 하여 주셔서 부족한 우리들도 구원을 받게 하여 주심을 감사드립니다. 주님 이 나라를 기억하시고 은혜를 베푸시옵소서. 먼저 교회가 바로 서고 그리스도인들이 바로 서게 하옵소서. 대통령 이하 모든 위정자들이 사리사욕과 당리당략을 버리게 하시고 주님을 경외하는 마음과 백성들과 나라를 위하여 헌신하는 마음으로 이 어려운 경제를 살리고 정의로운 사회가 이루어지게 하옵소서. 주님 북에 계신 동포들을 긍휼히 여기시어 하루 속히 복음으로 남과 북이 하나가 되어 그들도 주님을 섬기며 하늘의 축복을 누릴 수 있도록 인도하여 주시옵소서.

아버지 뜻이 있어 남산 교회를 이곳에 세우셨사오니 주님의뜻을 이룰 수 있도록 모든 면으로 도와주시고 인도 하여 주시옵소서. 특히 금년 들어 새로운 형제자매를 많이 보내주셔서 감사합니다. 그분들이 교회생활을 잘 할 수 있도록 서로 잘 보살피고 도와주는 성도들 되게 하옵소서.

하나님 아버지 오늘도 머나먼 오지에서 수고 하시는 선교사님들께 함께하여 주시옵소서. 그들의 신변을 안전하게 보호하여 주시고 가족의 건강을 지켜 주시고 성령 충만함으로 주님을 모르고 죽어가는 불쌍한 영혼들에게 기쁨으로 복음을 전하여 복음의 열매를 많이 맺어 하나님께 많은 상급을 받는 선교사 되게 하옵소서. 저희들은 보내는 선교사로서 물질과 기도로 많이 돕게 하옵소서.

주님 이 예배가 은혜로운 예배가 되게 축복 하시옵소서. 말씀을 전하는 김기홍 목시님께 영력을 더하시어 은혜로운 주님의 말씀이 선포될 때 모두가 아멘으로 화답하는 축복의시간이 되게 하옵소서. 성가대의 찬양을 기쁘게 받으시고 저희에게도 은혜가 되게 하옵소서. 아무공로 없는 죄인이 예수 그리스도의 이름으로 기도 드리옵나이다.(아멘)

인도하시고 채워주시고 지켜주시기를

우주 만물을 지으시고 주장하시는 하나님 아버지께 영광을 드립니다. 우리를 사랑하셔서 죄의 사슬로부터 우리를 자유케 하시고 믿음으로 구원을 얻게 하시며 하나님의 자녀로 살도록 축복하여 주심을 감사드립니다. 우리가 곤고하고 낙심할 때에 힘과 용기를 주시고 세상을 이기는 지혜와 용기를 주셔서 감사합니다.

대화지역에 남산교회를 세우시고 주님의 귀한 목자를 통하여 주의 나라를 세워나가게 하시니 감사합니다. 지난 주에도 우리 성도들을 주님의 은혜가운데 평강으로 지켜주셔서 오늘 주님께 예배를 드릴 수 있도록 은총을 내려주심을 감사합니다.

중국 선교여행을 무사히 마치고 귀국하게 도와 주셔서 감사합니다. 이 여행이 주님의 나라를 확장하는 귀한 씨앗이 되게 하셔서 주님께 큰 영광을 돌리는 계기가 되도록 축복하여 주시옵소서.

지금도 세계 각처에서 주님의 사역을 감당하는 선교사님들에게 함께 하셔서 어려움이 없도록 영육 간에 강건케 하시며 필요한 모든 것을 풍족하게 채워주시기 원합니다. 그 가정에 함께 하시고 그 자녀들이 주님의 말씀으로 잘 양육되기를 원합니다. 사회와 경제가 혼란스러운 이 나라를 지켜주시기를 원합니다. 주님의 말씀으로 이 나라가 통치되고, 지도자들이 하나님의 말씀으로 이 나라를 이끌어 나갈 수 있도록 도와

주시기를 원합니다.

김기홍 목사님에게 축복하셔서 주님의 사역을 잘 감당할 수 있도록 건강을 지켜주시고 명철과 지혜를 날로 더하여 주시기 원합니다. 진주호 강도사님, 박동익 전도사님, 조광명 전도사님에게 하늘나라의 사역을 감당하는데 부족함이 없도록 성령께서 인도하시고 축복하여 주시기를 원합니다.

연로하신 성도님들에게 건강을 허락하심을 감사합니다. 성도들의 사업과 직장을 축복하시고 어려운 경제여건 속에서도 풍성한 열매를 거둘 수 있게 하여 주시옵소서. 성도들의 각 가정의 형편을 아시는 주님, 주님께서 말씀으로 인도하시고 채워주시고 지켜주시기를 원합니다. 감사함으로 주님께 영광을 돌리는 가정이 되게 하여 주시옵소서.

성도들이 말씀과 기도로 세상에서 승리하게 하시고, 말씀 안에서 한 형제자매로서 서로 사랑하게 하셔서 하나님의 율법을 완성하도록 도와주시를 원합니다. 우리 젊은이들에게 하나님의 지혜와 명철을 주시고 하늘나라의 소망을 주셔서 하나님을 영화롭게 하는 축복을 주시옵소서. 사랑이 풍성한 교회가 되게 하시고 성령 충만한 가운데 기도의 불길로 이 지역사회를 변화시켜 주시옵소서.

이 시간 들려주시는 하나님의 말씀 안에서 새로운 심령으로 거듭나게 하셔서 주님께 영광을 돌리는 축복을 허락하여 주시기를 원합니다. 형식적으로 드려지는 예배가 아니라 진실로 하나님을 사랑하고 이웃을 사랑하는 예배가 될 수 있도록 축복하여 주시옵소서. 쿰 성가대의 준비한 찬양을 아름답게 받으시고 이 예배를 하나님께서 홀로 영광 받으시기를 원하오며 우리 주 예수 그리스도의 이름으로 기도하옵나이다.

– 2005. 6. 19.

하나님이 우리와 함께 하시는데

오늘도 우리를 기억하시고 사랑하시며 우리와 함께하시는 창조주 하나님 아버지께 찬송과 영광을 돌립니다. 보잘 것 없는 저희들을 하나님의 자녀로 택하셔서 아버지 하나님 전에 나아와 예배를 드릴 수 있게 하시니 감사합니다. 우리의 죄와 허물을 간과하시고 의롭게 인처주시고 언제나 가장 좋은 것으로 풍성하게 채워주심을 감사합니다.

지난 한 주일도 주님께서 저희들을 은혜 가운데 지켜 보호하여 주심을 감사합니다. 어려운 가운데서도 주님께서 용기와 지혜를 주셔서 승리케 하시고 지금까지 인도하여 주심을 감사합니다. 날로 더욱 부도덕해지는 혼탁한 세상으로 치닫고 있는 이 때에 우리 성도들이 실족치 않도록 지켜주시고 이 사회의 빛과 소금의 역할을 감당하는 축복을 허락하여 주시옵소서.

이 시간 들려주실 하나님의 말씀으로 우리의 심령이 새롭게 변화되어 주님의 형상을 닮아가도록 인도하여 주시옵소서. 주 예수 그리스도 안에 있으면 새로운 피조물이라 이전 것은 지나갔으니 보라 새것이 되었도다. 남산교회가 먼저 변화되어 이 사회를 새롭게 변화시키게 하시고 주님의 귀한 일꾼들을 배출할 수 있도록 축복하여 주시옵소서.

우리는 심히 약하여 작은 일에도 근심하며 가슴 아파하는 일이 많습니다. 주님께 감사하는 마음으로 모든 것을 이기고 승리할 수 있게 하시고 하늘나라의 큰 소망을 가지고 살 수 있도록 축복하여 주시옵소서. 우리 성도들의 간절한 기도에 응답하시고 이 시간에 들려주시는 하나님의 신령한 능력의 말씀으로 새 힘을 얻게 하여 주시옵소서.

"내게 능력주시는 자 안에서 내가 모든 것을 할 수 있다는 말씀처럼 하나님을 의지하여 나아가게 하옵소서. 너희는 마음에 근심하지 말라 하나님을 믿으니 또 나를 믿으라고 하셨으니, 하나님이 우리와 함께 하시는데 우리가 무엇을 두려워하겠습니까.

남산교회의 김기홍 목사님, 장회주 목사님, 김민석 목사님 그리고 모든 주님의 귀한 종들에게 능력과 지혜를 더 하시어 이 교회를 반석 위에 올려놓게 하옵소서.

보이지 않는 가운데서 수고의 땀을 흘리는 성도들에게 큰 은혜와 복을 더하시고, 아름다운 찬양으로 주님께 영광을 돌리는 성가대에 만복으로 축복하여 주시옵소서. 이 시간에 주실 하나님의 큰 축복에 감사하오며 살아계신 우리 주 예수 그리스도의 이름으로 기도하옵나이다.(아멘)

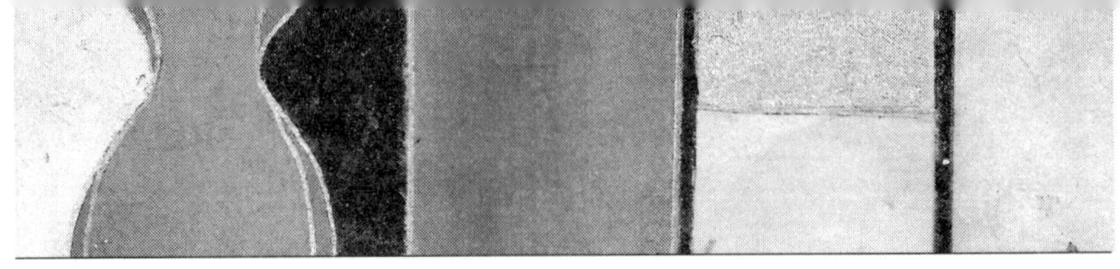

주님의 약속을 믿습니다

아름답고 신비한 이 우주를 창조하시고 운행하시는 살아계신 하나님 아버지께 찬송과 영광을 돌립니다. 오늘 이 시간에도 이 자리에 우리와 함께 하심을 믿습니다. 독생자 예수 그리스도의 피로 우리를 구원하셔서 주님께 나아올 수 있게 하신 하나님의 은혜와 사랑에 감사드립니다.

길이요, 진리요 생명되신 주님의 길을 따라 살 수 있도록 축복하여 주시옵소서. 길이 되신 주님의 말씀 가운데서 새로운 꿈과 비전을 갖게 하여 주시옵소서.

모든 것을 내어주시고 이 세상 모든 것을 버림으로서 영광의 면류관을 쓰셨던 예수님의 모범을 따르기를 원합니다. 우리의 삶을 살펴보면 우리 몸을 치장하고, 우리 입을 즐겁게 하고 우리의 눈을 즐겁게 하며, 우리 몸을 즐겁게 하는 일에 열심인 것을 보게 됩니다. 이렇게 가꾸어 왔던 육신의 결국은 한 줌의 흙인 것을 우리가 깨닫기를 원합니다. 보물을 이 땅에 쌓지 않고 하늘나라에 쌓도록 축복하여 주시옵소서. 원하옵건대 하나님 말씀 안에서 영생을 누릴 수 있도록 축복하여 주시옵소서.

올 한해도 다 보내고 이제 새해를 맞이합니다. 마음에 품었던 미워하는 마음, 시기하는 마음, 질시하는 마음을 깨끗이 청산하게 하시고 그 비운 마음의 자리에 주님의 생명력 있는 말씀과 사랑으로 채워지게 하여 주시옵소서.

이 시간 성령의 능력으로 우리의 영혼을 눈과 같이 희고 깨끗게 변하게 하시고 주님을 향한 우리의 믿음이 베드로와 사도 바울과 같이 굳건하여져서 환란과 고통 가운데서도 결코 넘어지지 않고 승리하게 하여 주시옵소서.

주님께서 남산교회에 함께 하심을 감사드립니다. 주님의 귀한 목자 김기홍 목사님께 함께 하셔서 주님께 영광을 돌리며 주님을 기쁘시게 하는 주의 일을 많이 할 수 있도록 축복하시고 함께 동역하는 사역자님과 교회의 모든 성도들에게 은혜에 은혜를 더하시고 축복하여 주시기를 원합니다. 지병으로 투병중인 성도님들을 하나님의 능력의 말씀으로 치유하시고 위로하여 주시고 이번 주에 입원 수술 예정인 우남주 장로님의 건강을 지켜주실 줄 믿습니다. 중국에서 사역하실 주록화 전도사님에게 하나님의 위로와 능력을 주셔서 선교사역의 큰 일꾼으로 쓰임 받도록 축복하여 주시옵소서. 또한 우리 성도들의 기도와 간구에 구체적으로 응답하시고 한 사람 한사람에게 찾아가셔서 위로와 평강을 주시기를 간구합니다.

마음이 가난한 자는 복이 있나니 천국이 저의 것이라 하였습니다. 슬픔과 어려움에 처할 때에 주님이 함께하셔서 위로하시고 힘을 주시옵소서. 구하라 주실 것이요, 찾으라 찾을 것이라는 주님의 말씀에 의지하여 살아가게 하여주시옵소서. 세상 끝날 까지 우리와 항상 함께 하시겠다는 약속, 오늘도 하늘의 보좌 우편에서 우리를 위하여 간구하시는 주님의 약속을 믿습니다.

남산교회의 젊은 일꾼들에게 함께 하심을 감사드립니다. 예수님 한 분이 이 세상을 바꾸었듯이 한 사람으로 인하여 가정이 변하고, 교회가 변하고, 사회가 변하고, 나라가 변하고 세계가 변할 수 있음을 압니다. 남산교회에서 걸출한 인물을 길러주시고 준비하여 주시기 원합니다. 남산교회의 젊은이들이 어렵고 혼란한 세상에 사랑과 진리의 빛을 비추는 등불이 되게 하여주시옵소서. 이 등불이 한국을 비추는 등불이 되게 하시고 세계를 비추는 등불이 되게 하여 주시옵소서. 할 수 있거든 이 무슨 말이냐, 내게 능력주시는 자 안에서 모든 것을 할 수 있느니라 하신 말씀으로 무장하게 하여주시옵소서.

주님의 사역을 위하여 세계 각처에 널리 흩어져 수고하는 선교사님들을 기억하시고 항상 주의 말씀으로 힘을 주시고 지혜를 주셔서 주의 일을 잘 감당하게 하시며 그 자녀들을 주님의 말씀으로 잘 양육할 수 있도록 은혜 내려 주시고 그 가정을 축복하여 주시기를 원합니다.

이종훈 집사님의 아름다운 믿음으로 준비한 쿰 성가대의 찬양을 주님께서 기쁘게 받으시고 이 예배를 준비한 귀한 손길 위에 축복하여 주시옵소서.

예배에 참석한 모든 성도들이 돌아갈 때에는 한없는 은혜와 기쁨과 소망을 가슴에 가득히 안고 돌아갈 수 있도록 축복하여 주실 줄 믿습니다. 우리 주 예수 그리스도의 이름으로 기도하옵나이다.(아멘)

새로운 터전을 허락하셨사오니

오늘 이 시간에도 우리를 사랑하시며 우리와 함께하시는 창조주 하나님 아버지께 찬송과 영광을 돌립니다. 죄 가운데서 우리를 구원하셔서 하나님의 자녀로 삼으셔서 아버지 하나님 전에 나아와 예배를 드릴 수 있게 하시니 감사합니다.

지난 한 주일도 주님께서 저희들을 하나님의 말씀 가운데 지켜 보호하여 주시고, 성령께서 지혜를 주셔서 승리케 하시며 인도하여 주심을 감사합니다. 날로 더욱 악해지는 세상에서 우리들이 실족치 않도록 지켜주시고 하나님의 능력의 말씀 안에 거하도록 축복하여 주시옵소서. 이 시간 들려주실 하나님의 말씀으로 우리의 심령이 새롭게 변화되어 새 사람으로 변화되는 역사가 나타나게 하옵소서.

주 예수 그리스도 안에 있으면 새로운 피조물이라 이전 것은 지나갔으니 보라 새것이 되었도다. 남산교회가 먼저 변화되어 이 사회를 새롭게 변화시키게 하시고 주님의 귀한 일꾼들을 배출할 수 있도록 축복하여 주시옵소서. 주님 주신 말씀의 능력으로 세상을 이기고 승리할 수 있게 하시고 하늘나라의 큰 소망을 가지고 살 수 있도록 축복하여 주시옵소서.

하나님께서 일산 법곳동에 새로운 터전을 허락하셨사오니, 이 새 터전에서 주님을 위한 성도들의 귀한 사역이 이루어지도록 축복하여 주시옵소서. 이 일을 통하여 우리들의 믿음이 성숙하게 하시고, 우리들의 보물을 하늘나라에 쌓는 축복이 이 때에 이루어지도록 축복하여 주시옵소서. 우리 성도들의 간절한 기도에 응답하시고 이 시간에 들려주시는 하나님의 신령한 능력의 말씀으로 새 힘을 얻게 하여 주시옵소서.

전능하신 하나님을 의지합니다. 우리의 모든 짐을 내려놓고 주님을 따라가겠습니다. 하나님이 우리와 함께 하시는데 우리가 무엇을 두려워하겠습니까. 아름다운 찬양으로 주님께 영광을 돌리는 성가대에 만복으로 축복하여 주시기 원하옵고, 살아계신 우리 주 예수 그리스도의 이름으로 기도하옵나이다.(아멘)

선교사님들을 기억하시고

모든 육체는 풀과 같고 그의 영광은 풀의 꽃과 같으니 풀은 마르고 꽃은 시드나 하나님의 말씀은 세세토록 있도다 하였으니, 풀잎 같은 우리들이 영원 불변하신 하나님의 후사로서 하나님을 믿으며 찬송할 수 있는 축복을 허락하심을 감사드리며 찬송과 영광을 돌립니다.

오늘 이 시간에도 이 자리에 우리와 함께 하시며 역사하심을 믿습니다. 독생자 예수 그리스도의 피의 공로로 우리를 구원하셔서 주님께 나아올 수 있게 하신 하나님의 은혜와 사랑에 감사드립니다. 길이요, 진리요 생명 되신 주님을 따라 주님의 형상을 닮아가는 삶을 살 수 있도록 축복하여 주시옵소서. 길이 되신 주님의 진리 말씀 가운데서 새로운 꿈과 비전을 찾게 하여 주시옵소서.

모든 것을 내어주시고 이 세상 모든 것을 버림으로서 영광의 면류관을 쓰셨던 예수님의 모범을 따르기를 원합니다. 우리의 삶을 살펴보면 우리 몸을 치장하고, 우리 입을 즐겁게 하고 우리의 눈을 즐겁게 하며, 우리 몸을 즐겁게 하는 일에 열심인 것을 보게 됩니다.

이렇게 가꾸어 왔던 육신의 결국은 한 줌의 흙으로 돌아간다는 사실을 우리가 깨닫기를 원합니다. 보물을 썩어질 이 땅에 쌓지 않고 하늘나라에 쌓을 수 있도록 축복하여 주시옵소서. 원하옵건대 하나님 말씀

안에서 영생을 누릴 수 있도록 축복하여 주시옵소서.

마음에 품었던 미워하는 마음, 시기하는 마음, 질시하는 마음을 깨끗이 청산하게 하시고 그 비운 마음의 자리에 주님의 생명력 있는 말씀과 사랑으로 채워지게 하여 주시옵소서. 이 시간 성령의 능력으로 우리의 영혼을 눈과 같이 희고 깨끗하게 변하게 하시고 주님을 향한 우리의 믿음이 사도 바울과 같이 굳건하여져서 환란과 고통 가운데서도 결코 넘어지지 않고 승리하게 하여 주시옵소서.

주님께서 남산교회에 함께 하심을 감사드립니다. 주님의 귀한 목자 김기홍 목사님께 함께 하셔서 주님께 영광을 돌리며 주님을 기쁘시게 하는 주의 일을 많이 할 수 있도록 축복하시고 함께 동역하는 동역자와 교회의 모든 성도들에게 은혜에 은혜를 더하시고 축복하여 주시기를 원합니다.

지병으로 투병중인 성도님들을 하나님의 능력의 말씀으로 치유하시고 위로하여 주시고 연로하신 어르신들의 건강을 지켜주시고 특히 송덕희 권사님의 건강을 지켜주셔서 주님 전에 나아와 예배드릴 수 있도록 도와주시옵소서. 주님이 특별히 사랑하시는 김광인 형제를 주님께서 남산교회로 인도하심을 감사드립니다.

그가 하나님을 뜨겁게 사랑했던 첫사랑을 회복케 하시고 그의 믿음의 생활이 주님을 기쁘게 하실 줄 믿습니다. 그 가정에 주님의 은혜와 평강이 항상 넘치시기를 간구합니다. 또한 우리 성도들의 기도와 간구에 구체적으로 응답하시고 한 사람 한사람에게 찾아가셔서 말씀의 위로와 평강을 주시기를 간구합니다. 마음이 가난한 자는 복이 있나니 천국이 저의 것이라 하였습니다. 슬픔과 어려움에 처할 때에 주님이 함께 하셔서 위로하시고 힘을 주시옵소서.

구하라 주실 것이요, 찾으라 찾을 것이라는 주님의 말씀에 의지하여 살아가게 하여주시옵소서. 세상 끝날 까지 우리와 항상 함께 하시겠다는 약속, 오늘도 높은 하늘의 보좌 우편에서 우리를 위하여 간구하시는 주님의 약속을 믿습니다.

남산교회의 젊은 일꾼들에게 함께 하심을 감사드립니다. 예수님 한 분이 이 세상을 바꾸었듯이 한 사람으로 인하여 가정이 변하고, 교회가 변하고, 사회가 변하고, 나라가 변하고 세계가 변할 수 있음을 압니다. 남산교회에서 걸출한 인물을 길러주시고 준비하여 주시기 원합니다.

남산교회의 젊은이들이 어둡고 혼란한 세상에 사랑과 진리의 빛을 비추는 등불이 되게 하여주시옵소서. 할 수 있거든이 무슨 말이냐, 내게 능력주시는 자 안에서 모든 것을 할 수 있느니라 하신 말씀으로 무장하게 하여주시옵소서.

주님의 사역을 위하여 세계 각처에 널리 흩어져 수고하는 선교사님들을 기억하시고 항상 주의 말씀으로 힘을 주시고 지혜를 주셔서 주의 일을 잘 감당하게 하시며 그 자녀들을 주님의 말씀으로 잘 양육할 수 있도록 은혜 내려 주시고 그 가정을 축복하여 주시기를 원합니다.

이종훈 집사님의 아름다운 믿음으로 준비한 쿰 성가대의 찬양을 주님께서 기쁘게 받으시고 이 예배를 준비한 귀한 손길 위에 축복하여 주시옵소서.

이 시간 예배에 참석한 모든 성도들이 돌아갈 때에는 한 없는 은혜와 기쁨과 소망을 가슴에 기득히 안고 돌아갈 수 있도록 축복하여 주실 줄 믿습니다. 우리 주 예수 그리스도의 이름으로 기도하옵나이다. (아멘)

주님의 형상을 닮아가기를

하늘에 계신 창조주 하나님 아버지시여! 이 봄에 피는 꽃과 같은 우리 성도들의 아름다운 마음으로 드리는 예배와 찬송으로 홀로 영광받으시옵소서. 독생자 예수 그리스도를 이 낮고 낮은 땅에 보내시어 십자가에 달려 죽게 내어주심으로 우리의 붉은 죄를 속량하여 주신 하나님 아버지의 은혜와 사랑에 감사드립니다.

그가 찔림은 우리의 허물을 인함이요 그가 상함은 우리의 죄악을 인함이라 그가 징계를 받음으로 우리가 평화를 누리고 그가 채찍에 맞음으로 우리가 나음을 입었도다. 오늘 우리가 예수님의 크신 사랑 가운데 기쁨을 누리고 하늘나라의 소망을 가지고 살게 하시니 감사합니다.

날마다 우리들의 생활이 하나님께 감사함으로 기쁨을 누리게 하시고 예수 그리스도의 사랑을 본받아 그 사랑을 나누게 하여 주시옵소서. 그 사랑으로 인하여 우리가 새롭게 변화되게 하시고 서로 용서하고 용납할 수 있도록 우리가 끝까지 낮아지게 하여주시옵소서. 예수님께서 이 세상에서 낮아지심으로 하나님이 가장 아름다운 영광의 면류관을 받으신것처럼 우리도 사랑과 겸손과 온유함으로 모든 이에게 모범을 보이게 하여 주시옵소서.

내가 사람의 방언과 천사의 말을 할지라도 사랑이 없으면 소리나는 구리와 꽹과리가 되고, 내가 예언하는 능이 있어 모든 비밀과 모든 지식을 알고 또 산을 옮길 만한 믿음이 있을지라도 사랑이 없으면 내가 아무것도 아니요, 내가 내게 있는 모든 것으로 구제하고 또 내몸을 불사르게 내어줄 지라도 사랑이 없으면 내게 아무 유익이 없느니라.

사랑은 오래 참고 사랑은 온유하며 투기하는 자가 되지 아니하며 사랑은 자랑하지 아니하며 교만하지 아니하며 무례히 행치 아니하며 자기의 유익을 구치 아니하며 성내지 아니하며 악한 것을 생각지 아니하며 불의를 기뻐하지 아니하며 진리와 함께 기뻐하고 모든 것을 참으며 모든 것을 믿으며 모든 것을 바라며 모든 것을 견디느니라.

우리가 날마다 자기를 부인하고 자기의 십자가를 지고 한 걸음씩 한 걸음씩 주님을 따라 주님의 형상을 닮아가기를 원합니다. 주의 은혜로 오늘을 삽니다. 아무 것도 할 수 없는 무능한 나에게 주님은 성령으로 힘을 주시고 성령이 함께 하사 지혜로 도우셔서 오늘도 주의 은혜로 삽니다.

남산교회에 성령의 뜨거운 역사가 나타나고 뜨거운 기도가 쉬지 않게 하시고 맑은 샘물과 같은 주님의 말씀이 날마다 새롭게 흘러넘치기를 원합니다. 주님이 사랑하시는 김기홍 목사님의 건강을 지켜주시고 우리 성도들의 간절한 기도에 응답하여 주시옵소서. 우리 성도들 심령의 중심을 잘 아시는 주님. 상처받은 우리 성도들의 마음을 사랑의 손길로 감싸주시고 위로하여주시옵소서. 오직 살아계신 하나님 아버지만을 바라보고 굳건히 나아갈 수 있도록 지켜주시옵소서.

마음이 가난한 자는 복이 있나니 천국이 저의 것이라 하였습니다. 슬픔과 어려움에 처할 때에 주님이 함께하셔서 위로하시고 힘을 주시옵소서. 세상 끝날 까지 우리와 항상 함께 하시겠다는 약속, 오늘도 하늘의 보좌 우편에서 우리를 위하여 간구하시는 주님의 약속을 믿습니다.

믿음으로 준비한 성가대의 찬양을 기쁘게 받으시고 예배에 참석한 모든 성도들이 한없는 은혜와 기쁨과 소망을 가슴에 담는 예배가 될 수 있도록 축복하여 주실 줄 믿습니다. 세상 끝날까지 우리를 잊지 않으시고 끝까지 우리를 지켜주시고 사랑하시는 우리 주 예수 그리스도의 이름으로 기도하옵나이다.(아멘)

지성찬 수필집

깨끗한 그릇

초판인쇄일 2015년 2월 05일
초판발행일 2015년 2월 10일

지은이 : 지성찬
펴낸곳 :도서출판 문학공원
발행인 : 김순진
편집장 : 전하라
디자인 : 김초롱
등 록 : 2004년 3월 9일 제6-706호
주 소 : (우편번호 130-814)서울 동대문구 난계로 26길 17호
삼우빌딩 C동 302호 스토리문학사
전 화 : 02-2234-1666
팩 스 : 02-2236-1666
홈페이지 : http://cafe.daum.net/yob51
이메일 : 4615562@hanmail.net

※ 잘못된 책은 교환해 드립니다.
※ 책값은 뒤표지에 있습니다.